EXCELENCIA

Reto al discipulado

Edición de estudio semanal

Guía para los líderes

Responsabilidad personal para desarrollar excelencia

Vence el desafío ... sobresale en los fundamentos del discipulado

Un programa de adiestramiento de 10 semanas para el discipulado

por

Jeff Swaim

Primera edición en español 1996
Segunda impresión 1997 5.000
Impreso en los EE.UU.

RECONOCIMIENTOS

El material de EXCELENCIA-reto al discipulado *se originó en el deseo de ver cumplida la Gran Comisión, no sólo en mi vida, sino en la vida de otros. El mandamiento del Señor a sus discípulos es "id, y haced discípulos". El deseo de ser un discípulo maduro y de hacer discípulos debe ser la ardiente pasión en la vida de cada creyente.*

He tenido el privilegio de ser discipulado por algunos increíbles hijos de Dios. Me gustaría dar un especial agradecimiento a aquellos que invirtieron su tiempo en mi vida.

Mi familia (mi esposa Kathy y mis hijas, Stephanie y Lyndsey). Ellas son verdaderamente un don de Dios. Son la expresión de gozo de Dios para mi vida. Traen aire fresco a mi vida y gozo a mi corazón cuando estoy con ellas. Son los discípulos más importantes que el Señor me ha dado.

Winnie Swaim, mi madre. A través de su constante fe y devoción a Dios, ella calmó las tormentas de la vida y entendió la paz de un Dios fiel. Ella ha determinado que juntamente con su familia buscaría y haría la voluntad de Dios. Es mi heroína en la fe.

Allen Groff, un hombre de Dios. El resumió el carácter de Cristo a través de su amor incondicional y constante aliento. Me ayudó a creer que podía hacer una contribución significativa al reino de Dios. El es mi padre en la fe.

Ormel Chapin, aquel que me provocó a crecer en el liderazgo de otros en el reino de Dios. El me ayudó a soñar y a realizar mis sueños en muchas e incontables oportunidades.

Marion Ravan, el primer pastor a quien serví como pastor de jóvenes. El tuvo el coraje y el discernimiento de que sólo Dios puede dar para emplearme como pastor, a mí, un idealista sin experiencia.

Lewis Shelton, el hombre que ha sido ejemplo de integridad y disciplina para mi vida. Su intenso deseo de ver a Dios moverse en su vida y en la vida de los demás se demuestra en su constante devoción a la Palabra y a la oración. ¡El se destaca en los fundamentos!

Albany First Family, la iglesia con la que serví al Señor por 10 gloriosos años. Allí me permitieron crecer con ellos en la fe. Me dieron la oportunidad de dirigirlos, enseñarlos, amarlos, desafiarlos, exhortarlos, discipularlos, adiestrarlos, y liberarlos. Siempre estaré en deuda con esta maravillosa iglesia por su inversión en mi vida. Me gustaría dedicar en su honor este libro al Señor.

¡A Dios sea la gloria!

Jeff Swaim

Un agradecimiento especial a Dick Van Huss, Terry Raburn, Andrea Humphrey, y Tom Young por su inversión de tiempo y energía en la culminación de este proyecto.

INDICE

INTRODUCCION

Muchas iglesias no tienen un plan para discipular a la gente joven y lanzarlos a la cosecha. El discipulado no es una opción; es una orden que debe ser vivida con estricta devoción al mandamiento del Señor. Jesús dijo que debemos ir y hacer discípulos a todas las naciones (Mateo 28:19). El objetivo de un ministerio de jóvenes y el trabajo en la iglesia nunca puede ser el formar buenos jóvenes o buenos cristianos. Más bien, Dios les ordena ir y hacer discípulos. Con nuestro enfoque en alcanzar a las almas perdidas para Cristo, nuestros objetivos para el ministerio juvenil deben ser ganar a la gente para Cristo, edificarlos en Cristo, y enviarlos de vuelta a la cosecha.

El programa de discipulado de EXCELENCIA está diseñado para los nuevos creyentes y aquellos que han profesado a Cristo por muchos años. Ellos aprenderán a sobresalir en los fundamentos de ser un seguidor y discípulo de Cristo. Aprenderán a ser creyentes que pueden alimentarse a sí mismos y que pueden crecer personalmente en la Palabra. Descubrirán que un verdadero discípulo es capaz de cumplir el mandato de Jesús de ir y hacer discípulos (Mateo 28:19). Serán desafiados a discipular a otros de la manera en que ellos han sido discipulados.

Los alumnos serán desafiados y adiestrados para sobresalir en los fundamentos. Los principales temas cubiertos en este curso son: Lectura y memorización de la Biblia, oración, evangelismo, y discipulado. Los discípulos deben tener responsabilidad personal para desarrollar la excelencia en los fundamentos del discipulado. Como cualquier cosa preciosa y valiosa, este curso tendrá un costo para el alumno y para usted, el discipulador. Jesús dijo: "Si alguno quiere venir en pos de mí, niéguese a sí mismo, tome su cruz cada día, y sígame" (Lucas 9:23). La obra será difícil, pero las recompensas serán grandes y eternas. Las almas en la eternidad a causa del firme compromiso de usted, de su liderazgo e intenso esfuerzo, valdrán la pena.

El discipulado nunca puede ser enseñado; pero debe ser captado. Los alumnos deben ver a alguien a quien seguir. El dicho "no me veas a mí, sólo mira a Jesús" debe cesar. Necesitamos ser discípulos de Cristo como el apóstol Pablo lo fue, cuando dijo: "Sed imitadores de mí, así como yo de Cristo" (1 Corintios 11:1). Si queremos que nuestros alumnos oren, debemos mostrarles cómo orar por postrarnos sobre nuestros rostros delante de Dios o por arrodillarnos en el altar. No podemos sólo decirles cómo; debemos mostrarles cómo tocar el cielo. Si queremos que nuestros alumnos memoricen las Escrituras, debemos mostrarles que es importante por memorizarlas nosotros mismos. Si queremos que nuestros alumnos testifiquen, debemos mostrarles cómo hacerlo. Si queremos que ellos sean discípulos comprometidos, necesitamos ser discípulos comprometidos a quienes ellos puedan seguir.

El discipulado es un proceso, no una clase o un curso lleno de información memorizada. Los alumnos pueden ser capaz de completar todas las tareas cada día y sobresalir en este programa, pero si no continúan creciendo y sobresaliendo en los fundamentos del cristianismo después de que el programa termine, no son verdaderos discípulos. El proceso del discipulado es toda una vida de aventura y crecimiento. El discipulado eficaz requiere que los líderes hagan un seguimiento de los alumnos y que los hagan responsables de las cosas que dicen y hacen. Es también importante hallar a los alumnos haciendo cosas buenas.

Este es el arte perdido de animar.

Un programa eficaz de discipulado semanal de EXCELENCIA requerirá mucho compromiso de los líderes para alentar y hacer el seguimiento de los alumnos. Si varios adultos están asociados, deben estar firmemente comprometidos y unidos por un propósito común: hacer discípulos para la cosecha. Las tareas diarias de los alumnos serán revisadas durante cada sesión semanal. Sin embargo, para mejores resultados, un líder adulto debe revisar con el alumno una o dos veces por semana. La importancia de edificar la responsabilidad es suprema para cualquier proceso de discipulado.

Una de las maneras en que la responsabilidad es establecida a través de EXCELENCIA es en los grupos pequeños. La clase será dividida en grupos de tres o cuatro alumnos por grupo. El tamaño del grupo da a cada alumno una oportunidad de compartir. Muchas personas no compartirían lo que está en su corazón y mente en grupos más grandes. En los grupos pequeños, los alumnos podrán poner en práctica lo que el maestro acaba de cubrir en la lección. Ellos aprenderán al hacerlo. Las actividades de grupos pequeños los prepararán para poner en práctica durante la semana lo que aprenden en la clase.

El programa semanal EXCELENCIA es diseñado como para durar aproximadamente 10 semanas. La semana número 10 es una sesión extra. Considere conducir esa sesión en un retiro a fin de permitir a Dios suficiente tiempo para moverse de una manera poderosa en el corazón de los alumnos. La sesión trata con el bautismo en el Espíritu Santo. Permita suficiente tiempo para que los alumnos busquen el don del Espíritu Santo. Asegúrese de prepararlos con oración y ayuno hasta la última semana. Sería bueno permitir que visitantes vayan a sus sesiones de vez en cuando, pero use mucha discresión para la última semana.

Evite comenzar un programa de discipulado EXCELENCIA que cubriría las fiestas navideñas, ya que los alumnos tienden a descuidar sus tareas durante este tiempo del año. Es mejor mantener en alto el entusiasmo y el impulso.

El programa de discipulado EXCELENCIA puede también ser usado en forma de retiro. En caso de que le sea difícil juntar suficientes alumnos en su iglesia para completar una clase puede ponerse en contacto con otras iglesias pentecostales en su región. Sería bueno ofrecer el retiro por lo menos una vez al año, aunque lo haga semanalmente. Usted puede recoger a los alumnos que no pueden comprometerse a pasar una noche fuera pero que pueden comprometerse a pasar cuatro sábados en un período de dos meses. El horario de un retiro de EXCELENCIA parecido al siguiente:

Sesión 1
Viernes por la noche hasta el sábado por la tarde en un local para un retiro o iglesia que pueda hospedar a las personas por una noche.

Sesión 2
Debe efectuarse 2 semanas después de la Sesión 1 un sábado en una iglesia.

Sesión 3
Debe efectuarse 2-3 semanas después de la Sesión 2 un sábado en una iglesia.

Sesión 4
Debe efectuarse 2 a 3 semanas después de la Sesión 3 un sábado solamente o como un retiro de fin de semana.

Materiales necesarios

1 Guía para los líderes de EXCELENCIA *(Edición de estudio semanal) para cada líder.*

1 Manual del alumno de EXCELENCIA *(Edición de estudio semanal) para cada alumno.*

Los materiales pueden ser pedidos a **Amazon.com**

Promoción

El mejor momento para comenzar cualquier programa de discipulado es después de un tiempo de renovación espiritual, tal como una convención juvenil, campamento de verano, retiro de fin de semana, o reuniones de avivamiento en su iglesia. Tenga su fecha de inicio, horario, local, hojas para la inscripción, y folletos listos para llevarlos al viaje o entregarlos en el avivamiento. Por ejemplo, digamos que tuvieron una gran semana en el campamento juvenil. Antes mismo de acomodar a los jóvenes en el autobús para regresar a casa, desafíelos a volver del campamento y mantener el fuego vivo en su vida. Algunas declaraciones que puede usar al desafiarlos son las siguientes:

> *Si tú ...*
>
> - *tienes dificultad en leer tu biblia asiduamente,*
> - *tienes dificultad en concentrarte al orar,*
> - *tienes dificultad en contar a otros acerca de Jesús,*
>
> ## *¡... Entonces EXCELENCIA es para ti!*
>
> *¡Este es un reto al discipulado en tu vida!*
>
> *Acepta el desafío ...*
>
> *... sobresale en los fundamentos del discipulado*
>
> *Un curso de 10 semanas sobre el discipulado*

Las ideas de arriba pueden ser utilizadas con el fin de formar un folleto o cartel para anuncios.

Nota importante:

Es muy importante leer todo este manual para entender los conceptos del programa de discipulado de EXCELENCIA. *Una vez que usted y los demás líderes hayan leído todo el material, desarrollen una estrategia sobre cómo formar discípulos juntos. Si tienen cualquier problema o dificultad para entender el programa, comuníquense con su director juvenil nacional.*

EXCELENCIA
REGISTRO DE TRABAJOS

Use esta hoja para marcar las tareas completadas. Asegúrese de que alguien revise su trabajo.

Artículo	Fecha completada	Firmado por
Cuota pagada		
Miembro de un pequeño grupo y conoce los nombres de los demás integrantes de este		
Completó el ejercicio de "Razones para leer y estudiar la Biblia"		
Memorizó los cinco principios básicos de discipulado		
Completó el "Ejercicio de lectura bíblica"		
Completó el "Ejercicio del diario de lectura de la Biblia"		
Completó Curso 1, Lección 1 de "Vida en la Palabra" con el grupo pequeño		
Completó Curso 1, Lección 2 de "Vida en la Palabra"		
Completó Curso 1, Lección 3 de "Vida en la Palabra"		
Completó Curso 1, Lección 4 de "Vida en la Palabra"		
Completó Curso 1, Lección 5 de "Vida en la Palabra"		
Completó Curso 1, Lección 6 de "Vida en la Palabra"		
Completó Curso 1, Lección 7 de "Vida en la Palabra"		
Completó Curso 1, Lección 8 de "Vida en la Palabra"		
Completó Curso 1, Lección 9 de "Vida en la Palabra"		
Completó Curso 2, Lección 1 de "Vida en la Palabra"		
Completó Curso 2, Lección 2 de "Vida en la Palabra"		
Completó Curso 2, Lección 3 de "Vida en la Palabra"		
Completó Curso 2, Lección 4 de "Vida en la Palabra"		
Completó Curso 2, Lección 5 de "Vida en la Palabra"		
Completó Curso 2, Lección 6 de "Vida en la Palabra"		
Completó Curso 2, Lección 7 de "Vida en la Palabra"		
Completó Curso 2, Lección 8 de "Vida en la Palabra"		
Memorizó los "Cinco elementos básicos de la oración"		
Comenzó a usar "Mi lista de oración"		
Memorizó 2 Timoteo 2:15		
Memorizó Josué 1:8		
Memorizó Salmo 119:9, 11		
Memorizó 1 Pedro 3:15		
Memorizó Romanos 3:23		
Memorizó Romanos 6:23		
Memorizó Juan 3:16, 17		

Memorizó Juan 10:10		
Memorizó Romanos 5:8		
Memorizó 1 Juan 1:9		
Memorizó Romanos 10:9, 10		
Memorizó Romanos 10:13		
Memorizó Apocalipsis 3:20		
Memorizó Juan 1:12		
Memorizó 1 Juan 5:11-13		
Memorizó Tito 3:5		
Memorizó Efesios 2:8		
Completó el ejercicio "Razones de que necesitemos compartir a Cristo con los demás"		
Completó el "Informe de progreso diario" por 21 días de seguido		
Ha leído "Cómo preparar tu testimonio personal" (Apéndice A)		
Completó una hoja de "Lista de evangelismo personal para mi clase"		
Presentó en 4 minutos su testimonio personal		
Ha leído "Cómo desarrollar un plan para ganar almas" (Apéndice B)		
Compartió su testimonio personal con un inconverso		
Completó 4 semanas del "Plan de evangelismo de 4 semanas"		
Compartió dos veces con un compañero la "Presentación del evangelio"		
Compartió con un inconverso la "Presentación del evangelio"		
Completó todos los estudios bíblicos		
Repasó los versículos para memorizar 7 días de seguido para la Sesión 5		
Repasó los versículos para memorizar 7 días de seguido para la Sesión 6		
Repasó los versículos para memorizar 7 días de seguido para la Sesión 7		
Repasó los versículos para memorizar 7 días de seguido para la Sesión 8		
Repasó los versículos para memorizar 7 días de seguido para la Sesión 9		
Repasó los versículos para memorizar 7 días de seguido para la Sesión 10		
Marcó el "Cuadro de lectura de la Biblia" 7 días de seguido para la Sesión 2		
Marcó el "Cuadro de lectura de la Biblia" 7 días de seguido para la Sesión 3		
Marcó el "Cuadro de lectura de la Biblia" 7 días de seguido para la Sesión 4		
Marcó el "Cuadro de lectura de la Biblia" 7 días de seguido para la Sesión 5		
Marcó el "Cuadro de lectura de la Biblia" 7 días de seguido para la Sesión 6		
Marcó el "Cuadro de lectura de la Biblia" 7 días de seguido para la Sesión 7		
Marcó el "Cuadro de lectura de la Biblia" 7 días de seguido para la Sesión 8		
Marcó el "Cuadro de lectura de la Biblia" 7 días de seguido para la Sesión 9		
Marcó el "Cuadro de lectura de la Biblia" 7 días de seguido para la Sesión 10		
Citó perfectamente todos los versículos para memorizar.		
Se graduó del curso de discipulado "EXCELENCIA"		

EXCELENCIA 1 EXCELENCIA

S E S I O N

SESION 1

Los objetivos de esta semana

Esta semana los alumnos aprenderán lo siguiente:

- Cómo comenzar el camino del discipulado.

- Cómo definir el discipulado.

- Los requisitos de Cristo para el discipulado.

- La necesidad del discipulado bíblico.

- Razones de leer y estudiar la Biblia.

- Dónde leer en la Biblia.

- Cómo usar un "Cuadro de lectura bíblica".

- Cómo completar los estudios bíblicos "Vida en la Palabra".

Actividad para conocerse 15 minutos

GRUPOS PEQUEÑOS

Líder: divida a la clase en grupos de cuatro. Esto puede ser hecho de varias maneras que funcionen mejor para usted o su iglesia o el grupo de EXCELENCIA. *Estas son unas maneras en que puede dividir a los grupos:*

Por colegios * Geográficamente * Según el lugar de trabajo * Por género.

Por edad (sólo si tiene una clase grande que incluye adultos que no son líderes de jóvenes).

Es importante ser flexible y firme al establecer los grupos. Usted tal vez no desee separar a los amigos que obviamente necesitan estar juntos por razones de seguridad. Sea firme al separar a personas cuya actitud o comportamiento en clase impedirá el crecimiento de los demás. Una palabra de atención: No permita que por hablar todo el tiempo una persona domine al grupo. Haga que este avance en la actividad por anunciar en voz alta cuándo la siguiente persona debe hablar. Haga esto para apremiar a los grupos. Si no hace esto se atrasarán en su horario y no terminarán el material de esa semana. Lo ideal es crear grupos que desarrollen un sólido espíritu de equipo lo cual no permitirá que ninguno fracase o se atrase en ser un discípulo maduro. Estos grupos permanecerán juntos durante todo el curso.

Haga que los grupos discutan lo siguiente. Haga preguntas tales como:

- ¿Cómo te llamas?

- ¿En qué grado escolar estás? Si trabajas, ¿qué haces?

- ¿Cuáles son las cosas que más te gusta hacer?

- ¿Por qué te inscribiste en *EXCELENCIA*?

Los miembros de mi grupo son:

Nombre No. 1 _____ Edad _____

Dirección _____

_____ Teléfono _____

Lugar de estudio _____ Año _____

Lugar de trabajo _____

Nombre No. 2 _____ Edad _____

Dirección _____

_____ Teléfono _____

Lugar de estudio _____ Año _____

Lugar de trabajo _____

Nombre No. 3 _____ Edad _____

Dirección _____

_____ Teléfono _____

Lugar de estudio _____ Año _____

Lugar de trabajo _____

Nombre No. 4 _____ Edad _____

Dirección _____

_____ Teléfono _____

Lugar de estudio _____ Año _____

Lugar de trabajo _____

La gente en su pequeño grupo te será muy útil durante este curso. Ellos serán todo lo siguiente:

- Amigos a los que puedes llamar en tiempo de necesidad.

- Compañeros de oración todos los días.

- Un punto de contacto cuando vengas cada semana.

- Personas con quienes crecer en el Señor.

- Personas con las cuales puedes tener un verdadero compañerismo (para cuidar y compartir)

- Personas que te harán ser responsable en cuanto al trabajo.

- Personas que firmarán cada semana que tú has completado tus tareas.

- Una fuente de ánimo para continuar cuando las cosas se ponen difíciles.

"Y considerémonos unos a otros para estimularnos al amor y a las buenas obras; no dejando de congregarnos, como algunos tienen por constumbre, sino exhortándonos; y tanto más, cuanto veis que aquel día se acerca" (Hebreos 10:24, 25).

Tiempo de enseñanza 30 minutos

Tiempo pasado: 15 minutos

(Diapositiva 1)

El camino al discipulado

El camino al verdadero discipulado comienza cuando una persona es nacida de nuevo. Comienza, como señala William MacDonald en *True Discipleship* [Verdadero discipulado], cuando los siguientes hechos ocurren:

1. Cuando una persona se da cuenta de que está en pecado, perdida, ciega y desnuda ante Dios.

2. Cuando reconoce que no puede salvarse a sí mismo mediante un buen carácter o por buenas obras.

3. Cuando cree que el Señor Jesucristo murió en la cruz como su substituto.

4. Cuando, por una decisión definitiva de fe, reconoce a Jesucristo como su único Señor y Salvador.

(Diapositiva 2)

¿Qué es un discípulo?

Según el diccionario, un discípulo es un seguidor de Jesucristo; un pupilo, aquel que acepta y ayuda a la propagación de las doctrinas de otro, tales como los doce discípulos en el círculo íntimo de los seguidores de Cristo según los relatos de las Escrituras; un adherente convencido de una escuela de pensamiento o de las enseñanzas de un individuo.

Requisitos de un discípulo

La siguiente es una lista de requisitos o términos que Jesús estableció para sus discípulos*. Jesús dijo: "Si alguno quiere venir en pos de mí ..." debe hacer lo siguiente:

1. Tener un supremo amor por Jesucristo.

"Si alguno viene a mí, y no aborrece a su padre, y madre, y mujer, e hijos, y hermanos, y hermanas, y aún también su propia vida, no puede ser mi discípulo" (Lucas 14:26).

El amor propio puede ser un impedimento al discipulado. Recién cuando estamos dispuestos a entregar nuestra vida por El estamos en el lugar que El quiere que estemos.

2. Una negación a uno mismo.

"Entonces Jesús dijo a sus discípulos: Si alguno quiere venir en pos de mí, niéguese a sí mismo ..." (Mateo 16:24).

La negación a uno mismo no es lo mismo que "autonegación". Lo último significa renunciar a ciertas comidas, placeres, o posesiones. Pero la negación a uno mismo significa una sumisión tan completa al señorío de Cristo que el yo no tiene derechos o autoridad para nada. Significa que el yo abdica el trono.

3. Una elección deliberada de la cruz.

"Si alguno quiere venir en pos de mí, niéguese a sí mismo, tome su cruz ..."

La cruz simboliza la vergüenza, persecución, y abuso que el mundo acumuló sobre el Hijo de Dios, y que el mundo acumulará sobre todos aquellos que resuelven ir contra la corriente. Cualquier creyente puede evitar la cruz simplemente conformándose al mundo y lo que este dice.

4. Una vida que sigue a Cristo.

"Si alguno quiere venir en pos de mí, niéguese a sí mismo, tome su cruz cada día, y sígame".

La vida de Jesús fue una de obediencia a la voluntad de Dios. Fue una vida vivida en el poder del Espíritu Santo. Fue una vida de servicio desinteresado a los demás. Fue una vida de fervor, gastos, dominio propio, humildad, bondad, fidelidad, y devoción (Gálatas 5:22, 23).

Para poder ser sus discípulos, debemos andar como El anduvo.

5. Un amor fervoroso por todo los que pertenecen a Cristo.

"En esto conocerán todos que sois mis discípulos, si tuviereis amor los unos con los otros" (Juan 13:35).

Este es el amor que estima a los demás más que a uno mismo. Es el amor que cubre multitud de pecados y es paciente y amable.

Lea 1 Corintios 13.

6. Una continuidad inquebrantable en su Palabra.

"Si vosotros permaneciereis en mi palabra, seréis verdaderamente mis discípulos" (Juan 8:31).

Es muy fácil comenzar bien, lanzarnos en una llama de gloria. Pero la prueba de la realidad es la permanencia hasta el fin. Cualquier hombre que mira atrás después de poner su mano en el arado no es apto para el reino de Dios (Lucas 9:62). Cristo desea a aquellos que le seguirán en obediencia constante e indudable.

7. Una renuncia a todo para seguirle.

"Así, pues, cualquiera de vosotros que no renuncia a todo lo que posee, no puede ser mi discípulo" (Lucas 14:33).

¿Qué significa renunciar a todo? Significa abandonar todas las posesiones materiales de uno que no son absolutamente esenciales y que podrían ser usadas en la expansión del evangelio. El hombre que renuncia a todo no se convierte en un perezoso sin recursos; sino que trabaja duro para proveer a las necesidades presentes de su familia así como a sus propias necesidades. El invierte en la obra del Señor todo lo que sobrepasa sus necesidades y deja el futuro en las manos de Dios.

* *True Discipleship* [Verdadero discipulado], Walterick Publishers Box 2216 Kansas City, Kansas. ©1962 William MacDonald

El costo del discipulado

Ser un discípulo nos costará tiempo, energía, dinero, y compromiso. Costará todo nuestro pasado y futuro, toda nuestra vida. Jesús debe ser el supremo Señor de nuestra vida si deseamos ser sus discípulos. Jesús tuvo algunas cosas que decir a aquellos que deseaban ser sus discípulos:

"Si alguno quiere venir en pos de mí, niéguese a sí mismo, y tome su cruz, y sígame" (Mateo 16:24).

"Y decía a todos: Si alguno quiere venir en pos de mí, niéguese a sí mismo, tome su cruz cada día, y sígame. Porque todo el que quiera salvar su vida, la perderá; y todo el que pierda su vida por causa de mí, éste la salvará. Pues, ¿qué aprovecha al hombre, si gana todo el mundo, y se destruye o se pierde a sí mismo? Porque el que se avergonzare de mí y de mis palabras, de éste se avergonzará el Hijo del Hombre cuando venga en su gloria, y en la del Padre, y de los santos ángeles" (Lucas 9:23-26).

"Si alguno viene a mí, y no aborrece a su padre, y madre, y mujer, e hijos, y hermanos, y hermanas, y aun también su propia vida, no puede ser mi discípulo. Y el que no lleva su cruz y viene en pos de mí, no puede ser mi discípulo" (Lucas 14:26, 27).

"Así, pues, cualquiera de vosotros que no renuncia a todo lo que posee, no puede ser mi discípulo" (Lucas 14:33).

Actividad
10 minutos

Tiempo pasado:
45 minutos

GRUPOS PEQUEÑOS

Pida a los grupos pequeños que compartan lo siguiente:

- ¿Por qué vinieron a este curso de discipulado?

- ¿Qué esperan recibir de este curso de discipulado?

- Además de dinero, ¿qué más les costará este curso de discipulado?

(Diapositiva 3)

La necesidad de un verdadero discipulado bíblico

- Formar discípulos no es una opción para un creyente y la iglesia; es un mandato de Jesús.

  "Por tanto, id, y haced discípulos a todas las naciones, bautizándolos en el nombre del Padre, y del Hijo, y del Espíritu Santo; enseñándoles que guarden todas las cosas que os he mandado; y he aquí yo estoy con vosotros todos los días, hasta el fin del mundo. Amén" (Mateo 28:19, 20).

- Los discípulos tienen la habilidad de multiplicar su fe en los demás.

  "Lo que has oído de mí ante muchos testigos, esto encarga a hombres fieles que sean idóneos para enseñar también a otros" (2 Timoteo 2:2).

- El discipulado se capta, no se enseña.

  "Sed imitadores de mí, así como yo de Cristo" (1 Corintios 11:1).

  "Lo que aprendisteis y recibisteis y oísteis y visteis en mí, esto haced; y el Dios de paz estará con vosotros" (Filipenses 4:9).

- El discipulado es un proceso de crecimiento espiritual medido para toda la vida; no solamente una clase que completar.

  "Vosotros también, poniendo toda diligencia por esto mismo, añadid a vuestra fe virtud; a la virtud, conocimiento; al conocimiento, dominio propio; al dominio propio, paciencia; a la paciencia, piedad; a la piedad, afecto fraternal; al afecto fraternal, amor. Porque si estas cosas están en vosotros, y abundan, no os dejarán estar ociosos ni sin fruto en cuanto al conocimiento de nuestro Señor Jesucristo" (1 Pedro 1:5-8).

(Diapositiva 4)

El desafío al discipulado

Te pedimos que busques la EXCELENCIA y que "Aceptes el desafío ... sobresale en los fundamentos del discipulado".

Sobresale en la lectura de la Biblia.
Sobresale en la oración.
Sobresale en memorizar las Escrituras.
Sobresale en testificar.
Sobresale en discipular a otros.

Tiempo de enseñanza 5 minutos

Tiempo pasado: 55 minutos

Sobresaliendo en la lectura y el estudio de la Biblia

En esta área de excelencia discutiremos la importancia de leer y estudiar la Palabra de Dios y cómo pasar tiempo eficazmente con el Señor cada día. Muchos nunca crecen y a veces pierden su intensidad porque no tienen un tiempo personal con Jesús. Con la clase apropiada de herramientas e instrucción, cualquier cristiano puede enriquecer su tiempo en la Palabra de Dios.

Razones de leer y estudiar la Biblia

En grupo, completen los espacios en blanco y busquen las referencias bíblicas para descubrir las siete razones de la lectura y el estudio de la Biblia.

Actividad
10 minutos

Tiempo pasado:
1 hora

1. Ayudará a _____
   (Efesios 4:14).

2. Ayudará a _____
   (1 Timoteo 4:13-16).

3. Nos ayudará a _____
   (2 Timoteo 2:15).

4. Nos ayudará a _____
   (2 Timoteo 3:14-17; Efesios 6:10-17).

5. Entenderemos _____
   (1 Corintios 10:1-6).

6. Entenderemos _____
   (1 Corintios 12:1).

7. Entenderemos _____
   (1 Tesalonicenses 4:13-17).

Dónde leer en la Biblia

Tiempo de enseñanza
5 minutos

Tiempo pasado:
1:10

La Biblia es un singular Libro de libros. De hecho, contiene 66 libros. Una de las grandes interrogantes de un nuevo discípulo es: "¿Dónde comienzo a leer en la Biblia?" Probablemente es mejor comenzar en el Nuevo Testamento y aprender acerca de Jesús antes de leer el Antiguo Testamento.

Cuanto más hambre y sed tengas de la Palabra de Dios, tanto más lleno serás de su presencia.

Hay varias fórmulas que te ayudarán a leer la Biblia en un año o aun menos.

Un plan* para un nuevo creyente es:

- Leer el Evangelio de Juan.

- Leer Proverbios.

- Leer Mateo.

- Leer Hechos.

- Leer Marcos.

- Leer Lucas.

- Leer Santiago.

- Leer Filipenses.

- Leer Efesios.

- Leer 1 Juan.

- Leer el resto del Nuevo Testamento.

* Mezclar diariamente unos pocos capítulos del libro de los Salmos.

Tiempo de enseñanza
5 minutos

Tiempo pasado:
1:15

Cómo usar el cuadro de lectura de la Biblia

Al final de este manual encontrarás un "Cuadro de lectura de la Biblia". Simplemente marca los capítulos que has leído. *Tal vez desees guardar el cuadro en tu biblia.*

Tiempo de enseñanza
5 minutos

Tiempo pasado:
1:20

Cómo usar los estudios bíblicos "Vida en la Palabra"

Al participar de EXCELENCIA, aprenderás más acerca de la Biblia y temas bíblicos referentes o alusivos al andar cristiano. Tus requisitos incluyen completar los cursos 1 y 2 de la serie "Vida en la Palabra". Estos estudios te enseñarán la Palabra y te guiarán a aplicar la Biblia a tu vida personal.

Tarea para la Sesión 2

Necesitarás completar los nueve estudios en el Curso 1 de "Vida en la Palabra": Clave para una vida mejor" antes de la segunda semana. Como punto extra, incluye la memorización de los versículos clave en estos estudios bíblicos. Habrán otros versículos que memorizar en el curso de EXCELENCIA.

Actividad
15 minutos

Tiempo pasado:
1:25

GRUPOS PEQUEÑOS

Pasen a la "Lección 1: La Salvación", en el material del Curso 1 de "Vida en la Palabra". Hagan la lección juntos en el grupo.

TIEMPO DE ORACION

Pasen un tiempo de oración intercesora espontánea. No tome pedidos de oración en este momento. Algunas sugerencias para orar son:

- Que cada persona se discipline para hacer el trabajo.

- Que cada persona tenga más hambre de Dios.

- Cada lugar de estudio representado.

- Que cada persona dedique tiempo a orar y leer la Biblia.

- Que cada persona esté sana y pueda volver la semana que viene.

- Orar que cada persona venza el desaliento y la pereza.

Tareas que completar antes de la Sesión 2

Usa "El cuadro de lectura de la Biblia" (Hoja de ejercicios 8) para marcar los capítulos que has leído. (Lee por lo menos 10 o 20 capítulos.)

Completa las lecciones 2-9 en el Curso 1 de "Vida en la Palabra: Claves para una vida mejor". Asegúrate de completar todas las tareas (lectura de la Biblia, preguntas y como punto extra los versículos para memorizar en cada lección).

Memoriza los cinco fundamentos del discipulado.

EXCELENCIA **EXCELENCIA**

2

SESSION

SESION DOS

Los objetivos de esta semana

Esta semana los alumnos aprenderán lo siguiente:

- Cómo leer y marcar la Biblia.

- Cómo usar el diario de lectura de la Biblia.

- Cómo permitir que Dios les hable a través de la lectura de la Biblia.

- Cómo aplicar lo que han leído en la Biblia.

- Cómo usar el Informe de progreso diario.

- Cómo ser un cristiano mundial por ofrendar a las misiones.

*Actividad
15 minutos*

GRUPOS PEQUEÑOS

¿Cuál ha sido el punto sobresaliente de la semana pasada?

¿Cuál ha sido la cosa más fácil de hacer en este curso de discipulado? ¿Por qué?

¿Cuál ha sido la cosa más difícil de hacer? ¿Por qué?

¿Qué parte has estado leyendo en la Biblia?

Comparte algunas respuestas a la oración.

Haz que alguien revise tu trabajo y firme tu "Registro de trabajos terminados".

- "Cuadro de lectura de la Biblia" usado cada día.

- Completó las lecciones 2-9 en el Curso 1 de "Vida en la Palabra: Claves para una vida mejor".

- Memorizó los cinco fundamentos del discipulado de la Sesión 1.

Cómo leer y marcar la Biblia

*Tiempo de enseñanza
5 minutos*

*Tiempo pasado:
15 minutos*

La concentración es una de las mayores barreras en la lectura de la Biblia. Muchos creyentes tienen dificultad con las distracciones. Ellos permiten que sus mentes divaguen. Por simplemente seguir con un bolígrafo al leer puede ayudar a una persona retener más. El tiempo en la Palabra debe ir más allá de la "lectura de la Biblia" y ser un verdadero estudio bíblico.

Estas son algunas ideas que recordar al marcar tu biblia:

- Utiliza un bolígrafo, no un lápiz. Un lápiz dejará marcas sucias con el tiempo.

- Compra una biblia que no te importe marcar.

- Compra una biblia que entiendas y disfrutes leer.

- No subrayes demasiado. Después de un tiempo las líneas no significarán nada para ti.

- Usa comillas ' ' para enfatizar un tema.

- Usa bolígrafos de color para los temas. (Rojo para salvación, azul para Dios, verde para el crecimiento cristiano.)

- Usa corchetes para frases clave—[Espíritu Santo].

- Circula las palabras que son repetitivas.

La cosa más importante de recordar al marcar la Biblia es desarrollar un sistema que funcione para ti y que te permitirá concentrarte en ella.

Al usar esta simple disciplina, te sorprenderás gratamente de cómo Dios empezará a hablarte a través de su Palabra.

Actividad
10 minutos

Tiempo pasado:
20 minutos

EJERCICIO PARA MARCAR LA BIBLIA

Lee y marca el siguiente pasaje de las Escrituras por usar las normas para marcar la Biblia:

Santiago 1

1:1 Santiago, [siervo de Dios y del Señor Jesucristo,] a las doce tribus que están en la dispersión: Salud.

[2 Hermanos míos, tened por sumo gozo cuando os halléis en 'diversas pruebas,' 3 sabiendo que la prueba de vuestra fe produce paciencia. 4 Mas tenga la paciencia su obra completa, para que seáis perfectos y cabales, sin que os falte cosa alguna.] 5 Y si alguno de vosotros tiene falta de sabiduría, pídala a Dios, el cual da a todos abundantemente y sin reproche, y le será dada. 6 Pero pida con fe, no dudando nada; porque el que duda es semejante a la onda del mar, que es arrastrada por el viento y echada de una parte a otra. 7 No piense, pues, quien tal haga, que recibirá cosa alguna del Señor. 8 El hombre de doble ánimo es inconstante en todos sus caminos.

9 El hermano que es de humilde condición, gloríese en su exaltación; 10 pero el que es rico, en su humillación; porque él pasará como la flor de la hierba. 11 Porque cuando sale el sol con calor abrasador, la hierba se seca, su flor se cae, y perece su hermosa apariencia; así también se marchitará el rico en todas sus empresas.

12 Bienaventurado el varón que soporta la tentación; porque cuando

haya resistido la prueba, recibirá la corona de vida, que Dios ha prometido a los que le aman. 13 Cuando alguno es tentado, no diga que es tentado de parte de Dios; porque Dios no puede ser tentado por el mal, ni él tienta a nadie; 14 sino que cada uno es tentado, cuando de su propia concupiscencia es atraído y seducido. 15 Entonces la concupiscencia, después que ha concebido, da a luz el pecado; y el pecado, siendo consumado, da a luz la muerte.

16 Amados hermanos míos, no erréis. 17 Toda buena dádiva y todo don perfecto desciende de lo alto, del Padre de las luces, en el cual no hay mudanza, ni sombra de variación. 18 El, de su voluntad, nos hizo nacer por la palabra de verdad, para que seamos primicias de sus criaturas.

19 Por esto, mis amados hermanos, todo hombre sea pronto para oir, tardo para hablar, tardo para airarse; 20 porque la ira del hombre no obra la justicia de Dios. 21 Por lo cual, desechando toda inmundicia y abundancia de malicia, recibid con mansedumbre la palabra implantada, la cual puede salvar vuestras almas.

22 Pero sed hacedores de la palabra, y no tan solamente oidores, engañándoos a vosotros mismos. 23 Porque si alguno es oidor de la palabra pero no hacedor de ella, éste es semejante al hombre que considera en un espejo su rostro natural. 24 Porque él se considera a sí mismo, y se va, y luego olvida cómo era. 25 Mas el que mira atentamente en la perfecta ley, la de la libertad, y persevera en ella, no siendo oidor olvidadizo, sino hacedor de la obra, éste será bienaventurado en lo que hace.

26 Si alguno se cree religioso entre vosotros, y no refrena su lengua, sino que engaña su corazón, la religión del tal es vana. 27 La religión pura y sin mácula delante de Dios el Padre es esta: Visitar a los huérfanos y a las viudas en sus tribulaciones, y guardarse sin mancha del mundo.

GRUPOS PEQUEÑOS

Que cada persona del grupo comparta algunos de los datos que han marcado.
¿Por qué lo marcaste?
¿Cuál versículo te expresó algo y de qué manera lo hizo?

Cómo usar el diario de lectura de la Biblia

Vea Hoja de ejercicio 1.

El propósito de este registro es proveer a los alumnos un diario de su tiempo a solas con el Señor. También los guía a escuchar lo que el Señor les está diciendo a través de su lectura y marcado de la Biblia.

El "Diario de lectura de la Biblia" es la "plataforma de lanzamiento" del alumno a la aplicación, la oración, la meditación, y la acción.

Un número de hojas del "Diario de lectura de la Biblia" ha sido provisto para ti al final del manual. Siéntete libre de fotocopiar cuantas necesites.

Del "Ejercicio para marcar la Biblia" de arriba completaremos el "Diario de lectura bíblica" de abajo.

Ejemplo:

Fecha_____Todo lo que leí en la Biblia hoy _____

Versículo que me tocó más_____

_____

De qué manera me tocó:_____

_____

_____

El "Diario de lectura bíblica" da a los alumnos una manera de expresar y ver cómo Dios les está hablando personalmente. La respuesta a "De qué manera me tocó" puede ser la oración inicial para tu tiempo de oración.

Muchos creyentes leen la Biblia y se van sin nunca dedicar tiempo a orar respecto de lo que Dios les está diciendo. Recuerda lo que acabamos de leer en Santiago 1:22-25:

> "Pero sed hacedores de la palabra, y no tan solamente oidores, engañándoos a vosotros mismos. Porque si alguno es oidor de la palabra pero no hacedor de ella, éste es semejante al hombre que considera en un espejo su rostro natural. Porque él se considera a sí mismo, y se va, y luego olvida cómo era. Mas el que mira atentamente en la perfecta ley, la de la libertad, y persevera en ella, no siendo oidor olvidadizo, sino hacedor de la obra, éste será bienaventurado en lo que hace."

Al orar, los discípulos que están usando el "Diario de lectura bíblica" pueden inmediatamente permitir que Dios los forme y moldee a la imagen de Cristo.

Actividad
10 minutos

Tiempo pasado:
50 minutos

EJERCICIO DEL DIARIO DE LECTURA BIBLICA

Dale una oportunidad: Pasa tiempo a solas con Dios

- Selecciona un versículo de Santiago 1 que te tocó.
- Escribe el versículo.
- Escribe una respuesta al Señor.
- Pasa un momento a solas en oración y entrega esto al Señor.

Fecha_____Todo lo que leí en la Biblia hoy _____

Versículo que me tocó más: _____

De qué manera me tocó: _____

_____

_____

_____

Tareas
5 minutos

Tiempo pasado:
1 hora

Tareas para la Sesión 3

Completar el "Diario de lectura bíblica" cada día. Proponte hacerlo 7 días de corrido.

Tareas para las Sesiones 3 y 4

Memorizar los libros de la Biblia.

Uno de los mayores desafíos al estudiar la Biblia es conocer dónde están las cosas. Para el final de este curso debes ser capaz de citar los libros de la Biblia en el orden correcto. Este es tu horario:

Sesión 3: Todos los libros del Nuevo Testamento (27)

Sesión 4: Todos los libros del Antiguo Testamento (66)

No pospongas esta tarea tan importante.

La Hoja de ejercicios 9 es un diagrama que muestra las varias secciones de la Biblia (tales como los Evangelios). Esto hará que tu memorización sea más fácil.

Cómo hacer el Informe de progreso diario

Este informe te ayudará a ver lo que estás obteniendo diaria y semanalmente. Un ejemplo ha sido provisto para ti. Siéntete libre de llenar cualquier otra cosa en la cual te gustaría disciplinarte tales como: ejercitar, leer un libro, limpiar tu cuarto, tiempo con la familia, escribir, escribir notas de agradecimiento, etc.

Es fácil que los cristianos desarrollen pobres hábitos y se vuelvan perezosos en su relación con Jesús. Estas mismas personas se preguntan por qué no están creciendo en Cristo. Se quejan de cosas en la iglesia y a menudo no tienen el gozo que viene de servir verdaderamente a Cristo. Los pobres hábitos pueden llevar a una cantidad de cosas, pero también lo hacen los buenos hábitos. Se necesitan 21 días para desarrollar un hábito. El "Informe de progreso diario" te ayudará a establecer hábitos buenos y sanos al seguir a Cristo. Si necesitas más copias de este cuadro una vez terminado curso, pídelas a tu maestro.

INFORME DE PROGRESO DIARIO

Por favor pasen a la Hoja de ejercicio 4 y aprendan juntos cómo usarlo.

Marca el cuadro apropiado después de completar la tarea indicada al comienzo de cada columna. Algunas tareas deben ser hechas diariamente y otras ocasionalmente y marcadas en el informe en esos días.

Lectura de la Biblia: Registra los capítulos leídos en el "Cuadro de lectura bíblica" (Hoja de ejercicio 8).

Diario bíblico: Completa el "Diario de lectura de la Biblia" (Hoja de ejercicio 1) para el día.

Estudio bíblico: Trabaja en tu tarea de "Vida en la Palabra".

Repaso del versículo para memorizar: Repasa todos los versículos asignados hasta ahora en el curso.

Oración: Ora por lo menos 15 minutos hoy.

Plan de 4 semanas: Continúa reuniéndote y testificando a inconversos y conserva los resultados en el "Registro del evangelismo de 4 semanas" (Hoja de ejercicio 3).

Proyecto para mi clase: Marca aquí si participaste en planear o hacer un proyecto de misiones o servicio con tu grupo o clase.

Compartió a Cristo: Marca aquí si realmente explicaste el plan de salvación.

Leyó un libro: Marca aquí si leíste una porción de un libro cristiano (biografía, de inspiración, basado en la Biblia, etc.)

Agrega otras categorías al comienzo de la columna para acomodar tus metas personales de discipulado.

Cómo ser un cristiano mundial

¿Son necesarias aún las misiones? ¿Hay todavía necesidad de que enviemos y equipemos a hombres y mujeres para el ministerio en tierras lejanas?¿Acaso no han escuchado ya todos el mensaje del evangelio?

¡MIRA MUY, PERO MUY BIEN!

La población del mundo se ha duplicado desde que tus padres nacieron. La cantidad ha pasado los 5 mil millones de personas. Llevó desde Adán y Eva hasta 1830 producir los primeros mil millones de personas sobre la tierra. Sólo llevó 100 años más hasta 1930 para producir el segundo millar de millones. Sólo 30 años hasta 1960 para producir el tercer millar de millones; 14 años hasta 1974 para producir el cuarto millar de millones;

y sólo 12 años hasta 1986 para producir el quinto millar de millones. Mira muy bien estas impresionantes tendencias.

La "Asianización" del mundo. De los 100 bebés nacidos cada unos pocos segundos, 13 son blancos, 49 amarillos, y el resto negros y mulatos. Esto significa que el 83 por ciento de los nuevos nacimientos hoy no son blancos. Más de la mitad de la gente del mundo vive en Asia. Su población para el año 2000 será de unos 4 mil millones. Siete de las 10 naciones más pobladas de la tierra se encuentran en ese continente.

La explosión juvenil. De acuerdo con Leighton Ford, presidente del Comité Lausanne para el evangelismo mundial, hay 922 millones de jóvenes entre las edades de 15 y 24 años. Cuatro de cada cinco de ellos se encuentran en países menos desarrollados. Si agregamos a eso el porcentaje de la población del mundo bajo los 15 años de edad, entonces vemos que casi el 60 por ciento de la población es menor de los 24 años de edad. Deben ser considerados como nuestra principal meta evangelística, especialmente cuando nos damos cuenta de que la mayoría de las decisiones de recibir a Cristo son hechas durante la juventud.

Urbanización de nuestro mundo. En el año 1800, sólo 5 de cada 100 personas vivían en las ciudades. Hoy, el 52 por ciento de la población del mundo vive en los grandes centros urbanos. Y para el año 2000 será el 73 por ciento. En 1975, había 172 ciudades mundiales (con más de 1 millón de habitantes). Hoy hay 250 ciudades. Y para el año 2000 habrá 500.

Para el 1 de enero de 1985, la población de la ciudad de México excedía los 18 millones—más personas de las que viven en todo el continente de Australia. La mayor parte de la urbanización se produce en los países desarrollados. Sólo el 36 por ciento de la población de naciones menos desarrolladas es urbanizada. Sin embargo, a medida que estas se industrializan más, el empuje hacia las ciudades se acelera y los problemas son más complejos.

Crecientes desastres sociales y económicos. ¡Las verdaderas cantidades son impresionantes! Por ejemplo, en los 172 países menos desarrollados del mundo, más de 780 millones de personas viven en absoluta pobreza. Eso es alrededor del 16.5 por ciento de la población del mundo que no tiene comida, ropa, o refugio adecuado.

Por ejemplo, Africa es un continente profundamente afectado por la pobreza, enfermedad, y hambre masiva. Veintitrés países allí están al borde de una "crisis de hambre". Aunque es rica en recursos minerales, Africa tiene poca producción agrícola a causa de la condición de su tierra—por lo menos 20 por ciento desértica—y su cultura. Los expertos creen que si continuaran los actuales patrones de uso de la tierra, en sólo 50 años este desierto se podría extender hasta comprender el 45 por ciento de Africa.

La evangelización de nuestro mundo. Durante los últimos 200 años, la gente joven, especialmente los estudiantes, han jugado un papel crítico en la evangelización del mundo. Debemos pedir a Dios en oración que nos ayude a movilizar una fuerza eficaz y poderosa para cambiar la corriente en estos últimos días a fin de que millones de personas puedan tener por lo menos una oportunidad de escuchar que Jesucristo vino a salvarlos.

Es muy importante que los discípulos maduros sientan su responsabilidad de ver que todos en el mundo tengan una oportunidad de escuchar las buenas nuevas acerca de Jesús. Los discípulos ya no están sólo interesados en sus propias necesidades, sino también en las de los demás. La mayor necesidad de la humanidad es un Salvador. Los consagrados discípulos de Jesucristo están enteramente comprometidos a la causa del evangelismo mundial. En esencia, ellos se han convertido en cristianos mundiales.

Las palabras e intenciones solas son inútiles. Debemos ser "agresores" activos, llenos del poder del Espíritu Santo. El evangelio no es dado sólo a aquellos que lo buscan (muy pocos lo hacen). Debemos entregarlo, como Jesús dijo, "a toda criatura". Nuestro líder, el gran Redentor, declaró que El ha venido "a buscar y a salvar lo que se había perdido". Ese es el patrón.

Unir esta fuerza no requiere que todos oremos perfectamente, sino que oremos ferviente y regularmente por el mundo. Como parte de la fuerza, no se considera la ofrenda que resulta en bendición o prosperidad. Lo importante es que demos abnegadamente para la evangelización del mundo. Para unirnos a esta élite (muchos son llamados, pocos escogidos) ¡debemos ir! No es una opción. Nos comprometeremos activamente en el proceso redentivo. El Señor del universo ha declarado que nosotros somos testigos. Un testigo es la prueba de que el plan de Dios funciona, por tanto, ¡cuéntalo!

¿Seguirás al maestro y te comprometerás a su causa? ¿Cuál es la causa? Es el plan de Dios para redimir a los perdidos (Juan 3:16). Como sabes, el pecado ha destruido lo que originalmente Dios había planeado, no sólo para la humanidad, sino para cada persona también. El pecado ha matado sueños, roto relaciones, y embotado las personalidades. Peor que eso, el pecado acarrea la muerte a todos los seres humanos. Dios desea revertir este proceso decadente y corrupto. Su plan es renovar la vida a la humanidad—vida emocionante, abundante, y eterna. Y El ha decidido darte una parte del proceso de reclamo. ¡El necesita tu energía y tiempo para orar, dar, e ir!

Se ha puesto en marcha un plan para GANAR, FORMAR, y ENVIAR a 250.000 jóvenes a evangelizar al mundo. Para alcanzar esta meta, se te pide hacer por lo menos tres cosas:

1. Ser un guerrero de la oración. Aprende cómo ganar sobre tus rodillas. Conviértete en un partidario del uso de esta poderosa arma para sobrepasar el tiempo y el espacio y debilitar el mal espiritual y liberar a los esclavos del pecado para que respondan a Dios.

2. Aprender a dar. La causa sólo puede ser cumplida cuando una cantidad de voluntarios estén dispuestos a dar. Los recursos financieros deben estar disponibles para la victoria completa.

3. Comprometerse a ir. La ejecución de su plan requiere de activistas, no de pacifistas. "Yo os elegí a vosotros, y os he puesto para que vayáis ..." (Juan 15:16).

La causa de Jesús ha requerido y siempre requerirá la ofrenda. Dios aun dio a su propio Hijo para iniciar el plan redentor. Sólo la ofrenda continua de sus hijos e hijas (tú) hará posible la evangelización en la tierra.

La ofrenda misionera es parte de la solución.

1. Los jóvenes que ofrendan a las misiones han ayudado a dar a las Asambleas de Dios a través de la radio, televisión, y equipo de imprenta, la habilidad para tocar un potencial de 3 mil 200 millones de personas no-salvas en nuestro mundo.

2. Los misioneros de las Asambleas de Dios dependen de las ofrendas para cumplir su ministerio.

3. Cada iglesia y cada joven puede participar. La ofrenda a las misiones no es sólo para los talentosos, los populares, o los ricos. Todo joven puede dar y/o colectar fondos misioneros.

4. Un programa juvenil de misiones es un perfecto "vehículo" para enseñar y adiestrar a los jóvenes acerca de la ofrenda regular de promesas de fe.

A través de la televisión, la radio, la imprenta, y el equipo de transporte, se acelera todo el proceso de anunciar las "buenas nuevas". Hay pocas cosas que un joven puede hacer para producir un mayor impacto en el mundo que la ofrenda misionera. Esta ya ha afectado el curso de la Historia. Ahora tu fervorosa y abnegada ofrenda ayudará a compartir el futuro de millones que de otra manera nunca escucharían. Sé un discípulo fiel, responsable y obediente de Jesucristo. Ofrenda regularmente para ganar al mundo.

La ofrenda misionera equipa a los misioneros para hacer el trabajo del ministerio. Ocúpate en algo significativo, ofrenda y conviértete en un cristiano mundial.

Comienza un compromiso fiel, ofrendando diaria, semanal, y mensualmente para la evangelización del mundo a través de tu programa misionero.

En cada sesión, a partir de hoy, recibiremos una ofrenda misionera especial. Da hasta que sientas que es bueno. "Cada uno dé como propuso en su corazón: no con tristeza, ni por necesidad, porque Dios ama al dador alegre" (2 Corintios 9:7).

Líder: Recibe ahora una ofrenda de misiones

TIEMPO DE ORACION

Tengan un tiempo de oración intercesora espontánea. No tomes pedidos de oración en este momento. Algunas sugerencias para orar son:

- Que cada persona se discipline para hacer el trabajo.
- Que cada persona tenga más hambre de Dios.
- Cada lugar de estudio representado.
- Que cada persona tome tiempo para orar y leer la Biblia.
- Que cada persona esté sana y pueda volver la semana que viene.
- Que cada persona venza el desaliento y la pereza.

Tareas que completar antes de la Sesión 3

Usar el "Cuadro de lectura de la Biblia" (Hoja de ejercicio 8) para marcar los capítulos que has leído.

Completar el "Diario de lectura de la Biblia" (Hoja de ejercicio 1) cada día (7 días de corrido).

Orar por lo menos 15 minutos cada día.

Memorizar los nombres de los libros del Nuevo Testamento.

Completar las Lecciones 1-4 en el Curso 2 de "Vida en la Palabra: Claves para la vida cristiana práctica". Asegúrate de completar todas las tareas (lectura bíblica, preguntas, y como punto extra, los versículos de memorización en cada lección).

EXCELENCIA

3

SESION

SESION TRES

Los objetivos de esta semana

Esta semana los alumnos aprenderán lo siguiente:

- Cómo sobresalir en los fundamentos de la oración.

- Los elementos básicos de la oración.

- Cómo hacer una lista de oración.

- Cómo sobresalir en la memorización de las Escrituras.

- La importancia de la memorización de las Escrituras.

GRUPOS PEQUEÑOS

¿Cuál ha sido el punto sobresaliente de la semana pasada?

¿Cuál ha sido la cosa más fácil de hacer en este curso de discipulado? ¿Por qué?

¿Cuál ha sido la cosa más difícil de hacer? ¿Por qué?

¿Qué parte has estado leyendo en la Biblia?

Comparte algunas respuestas a la oración.

Haz que alguien revise tu trabajo y firme tu "Registro de trabajos terminados".

- "Cuadro de lectura de la Biblia" usado cada día.

- Completó las lecciones 1-4 en el Curso 2 de "Vida en la Palabra: Claves para una vida cristiana práctica". Citó los versículos para memorizar aprendidos.

- Citó los nombres de los libros del Nuevo Testamento.

Sobresaliendo en los fundamentos de la oración

La oración es esencial para el creyente y su relación con Dios. Es la manera básica en que un creyente puede comunicarse con Dios, su primer amor. Sin la oración la relación carecerá de vida y será mecánica, y el creyente tratará de hacer lo debido para ser lo suficientemente bueno como para entrar al cielo. La vida y la vitalidad del caminar del creyente con Dios es dada por el Espíritu Santo al pasar tiempo con Dios. Con cualquier relación sana, debe haber una comunicación abierta regular.

Cristo demostró un patrón y vida de oración que fluía de su íntima relación con el Padre, no de un sentido de obligación o deber. Esa relación nunca fue quebrantada, en parte a causa de los intensos momentos de oración y conversación con el Padre. Los discípulos vieron el estilo de vida de oración de Jesús, así como el poder, la paz, y la presencia de Dios a través de El. Los discípulos pidieron a Jesús que los enseñara a orar.

> "Aconteció que estaba Jesús orando en un lugar, y cuando terminó, uno de sus discípulos le dijo: Señor, enséñanos a orar, como también Juan enseñó a sus discípulos.

> "Y les dijo: Cuando oréis, decid: Padre nuestro que estás en los cielos, santificado sea tu nombre. Venga tu reino. Hágase tu voluntad, como en el cielo, así también en la tierra. El pan nuestro de cada día, dánoslo hoy."

> "Y perdónanos nuestros pecados, porque también nosotros perdonamos a todos los que nos deben. Y no nos metas en tentación, mas líbranos del mal" (Lucas 11:1-4).

Una vida eficaz de oración no comienza naturalmente en la gente, y tampoco lo hizo en los discípulos. Se les tuvo que enseñar cómo buscar a Dios e interceder por la humanidad. Tú, también, tal vez necesites ser dirigido en los caminos del Señor para poder comunicarte con Dios. Aunque este curso te enseñará elementos y principios de la oración, no puede substituir el pasar tiempo en oración. Una de las maneras más eficaces de aprender cómo orar es aprender de los demás que saben cómo tocar a Dios. Acércate deliberadamente a las personas que oran en voz alta cuando claman a Dios en la iglesia o en una reunión de oración pública. De esta manera puedes aprender cómo clamar a Dios en tu lugar privado de oración o en una reunión de oración pública. Lo más importante que recordar es pedir a Dios que te enseñe a orar.

(Transparencia 5)

Los elementos básicos de la oración

Alabanza—Adorar verbalmente a Dios por quién El es.

Acción de gracias—Agradecer verbalmente a Dios por lo que El ha hecho.

Confesión—Admitir tus pecados ante Dios y buscar su perdón. Es importante orar con un corazón limpio y motivos puros.

Intercesión—Hacer un pedido en nombre de otros.

Pedido—Pedir al Señor que supla tus propias necesidades específicas. Es importante orar tan específicamente como sea posible para que puedas ver el poder de Dios obrar aun en los simples detalles de tu vida.

Hay algunos principios de oración establecidos en la Palabra que necesitamos recordar:

1. **Cuando oramos, necesitamos pedir al Padre en el nombre de Jesús:**

   "Respondiendo Jesús, les dijo: Tened fe en Dios. Porque de cierto os digo que cualquiera que dijere a este monte: Quítate y échate en el mar, y no dudare en su corazón, sino creyere que será hecho lo que dice, lo que diga le será hecho. Por tanto, os digo que todo lo que pidiereis orando, creed que lo recibiréis, y os vendrá. Y cuando estéis orando, perdonad, si tenéis algo contra alguno, para que también vuestro Padre que está en los cielos os perdone a vosotros vuestras ofensas" (Marcos 11:22-25).

   "Hasta ahora nada habéis pedido en mi nombre; pedid, y recibiréis, para que vuestro gozo sea cumplido" (Juan 16:24).

2. **Cuando oramos, necesitamos orar y estar de acuerdo con otros en la oración.**

   "Otra vez os digo, que si dos de vosotros se pusieren de acuerdo en la tierra acerca de cualquiera cosa que pidieren, les será hecho por mi Padre que está en los cielos. Porque donde están dos o tres congregados en mi nombre, allí estoy yo en medio de ellos" (Mateo 18:19, 20).

3. **Cuando oramos, necesitamos creer que Dios ha escuchado y respondido nuestra oración.**

   "Y todo lo que pidiereis en oración, creyendo, lo recibiréis" (Mateo 21:22).

Actividad
10 minutos

Tiempo pasado:
25 minutos

TIEMPO DE TESTIMONIO

Es importante escuchar y compartir regularmente acerca de la demostración de la gracia y el poder de Dios que resulta de la oración.

Si has experimentado personalmente un milagro, o aun visto uno ocurrir, por favor, compártelo ahora para que los demás sean alentados en la fe y Dios sea glorificado.

Actividad
10-15 minutos

Tiempo pasado:
35 minutos

TIEMPO DE ORACION

Si alguno en la clase tiene una necesidad, tomen este tiempo para reunirse y clamar al nombre del Señor por su misericordia, gracia, y respuesta. Nota: Esto puede ser hecho en los grupos o todos juntos.

Cómo hacer una lista de oración

El guerrero de la oración serio y fervoroso necesita usar una lista de oración. La lista de oración tiene tremendas ventajas. Con una lista el guerrero de la oración puede:

- Saber por qué cosas orar.

- Permanecer concentrado y enfocado al orar.

- Pasar más tiempo en la oración, ya que el tiempo parece pasar más rápido.

- Llevar una cuenta de las respuestas de Dios a la oración.

- Mantenerse vigilante, con la esperanza y anhelo de recibir la respuesta de Dios.

- Recordar más fácilmente orar por la necesidad de un ser amado.

- Orar específicamente por una necesidad y su respuesta.

- Orar más libremente en el Espíritu.

Se ha provisto una hoja de lista de oración para ti. Por favor, pasa a la Hoja de ejercicio 2, "Mi lista de oración" en este momento.

GRUPOS PEQUEÑOS

Que cada miembro de tu grupo:

- Comparta por lo menos dos pedidos de oración.

- Escriba cada pedido junto con el nombre de la persona que comparte el pedido.

- Escriba la fecha en que el pedido fue hecho.

Después que todos hayan compartido sus pedidos, tengan un tiempo de oración. Comprométanse a orar cada día por estos pedidos.

Sobresalir en la memorización de las Escrituras

El centro de todo discípulo es la Palabra de Dios. Todo discípulo desea guardar y se determina a guardar las promesas y obedecer los mandamientos del Señor. La pasión de todo discípulo es comprobar lo "que es agradable al Señor" (Efesios 5:10).

¿Por qué se debe memorizar las Escrituras?

Nota al líder: En cuanto sea posible, cita de memoria los pasajes de las Escrituras usados abajo al enseñar. Asegúrate de tener confianza y conocerlos perfectamente antes de intentar esto. Como una alternativa, puedes hacer que los alumnos lean los versículos. Luego, puedes hablar sobre los beneficios de memorizar las Escrituras.

Hay muchas razones de que un creyente deba memorizar las Escrituras:

- Jesús lo hizo. El la utilizó como un arma contra las tentaciones del enemigo.

  Mateo 4:1 Entonces Jesús fue llevado por el Espíritu al desierto, para ser tentado por el diablo. 2 Y después de haber ayunado cuarenta días y cuarenta noches, tuvo hambre. 3 Y vino a él el tentador, y le dijo: Si eres Hijo de Dios, di que estas piedras se conviertan en pan. 4 El respondió y dijo: Escrito está: No sólo de pan vivirá el hombre, sino de toda palabra que sale de la boca de Dios. 5 Entonces el diablo le llevó a la santa ciudad, y le puso sobre el pináculo del templo, 6 y le dijo: Si eres Hijo de Dios, échate abajo; porque escrito está: A tus ángeles mandará acerca de ti, y, En sus manos te sostendrán, para que no tropieces con tu pie en piedra. 7 Jesús le dijo: Escrito está también: No tentarás al Señor tu Dios. 8 Otra vez le llevó el diablo a un monte muy alto, y le mostró todos los reinos del mundo y la gloria de ellos, 9 y le dijo: Todo esto te daré, si postrado me adorares. 10 Entonces Jesús le dijo: Vete, Satanás, porque escrito está: Al Señor tu Dios adorarás, y a él solo servirás. 11 El diablo entonces le dejó; y he aquí vinieron ángeles y le servían.

- Nos ayuda a mantener nuestros caminos puros para que no pequemos contra Dios.

  Salmo 119:9, 11: "¿Con qué limpiará el joven su camino? Con guardar tu palabra. 11 En mi corazón he guardado tus dichos, para no pecar contra ti".

- Nos ayuda a hacer lo que está escrito en la Palabra.

  Josué 1:8 "Nunca se apartará de tu boca este libro de la ley, sino que de día y de noche meditarás en él, para que guardes y hagas conforme a todo lo que en él está escrito; porque entonces harás prosperar tu camino, y todo te saldrá bien".

- Nos da un arma contra Satanás.

  Efesios 6:10 "Por lo demás, hermanos míos, fortaleceos en el Señor, y en el poder de su fuerza. 11 Vestíos de toda la armadura de Dios, para que podáis estar firmes contra las asechanzas del diablo. 12 Porque no tenemos lucha contra sangre y carne, sino contra principados, contra potestades, contra los gobernadores de las tinieblas de este siglo, contra huestes espirituales de maldad en las regiones celestes. 13 Por tanto, tomad toda la armadura de Dios, para que podáis resistir en el día malo, y habiendo acabado todo, estar firmes. 14 Estad, pues, firmes, ceñidos vuestros lomos con la verdad, y vestidos con la coraza de justicia, 15 y calzados los pies con el apresto del evangelio de la paz. 16 Sobre todo, tomad el escudo de la fe, con que podáis apagar todos los dardos de fuego del maligno. 17 Y tomad el yelmo de la salvación, y la espada del Espíritu, que es la palabra de Dios; 18 orando en todo tiempo con toda oración y súplica en el Espíritu, y velando en ello con toda perseverancia y súplica por todos los santos.

- Ayuda a que el Espíritu Santo nos quebrante.

  Juan 14:26: "Mas el Consolador, el Espíritu Santo, a quien el Padre enviará en mi nombre, él os enseñará todas las cosas, y os recordará todo lo que yo os he dicho."

- Nos ayuda a ser buenos obreros para Cristo.

  2 Timoteo 2:15: "Procura con diligencia presentarte a Dios aprobado, como obrero que no tiene de qué avergonzarse, que usa bien la palabra de verdad".

- Nos da una razón para la esperanza que tenemos en nosotros.

  1 Pedro 3:15: "Sino santificad a Dios el Señor en vuestros corazones, y estad siempre preparados para presentar defensa con mansedumbre y reverencia ante todo el que os demande razón de la esperanza que hay en vosotros".

En este curso memorizarás 22 versículos. Tal vez desees memorizar otros pasajes de las lecciones de "Vida en la Palabra".

2 Timoteo 2:15
Josué 1:8
Salmo 119:9, 11
1 Pedro 3:15
Romanos 3:23
Romanos 6:23
Juan 3:16, 17
Juan 10:10
Romanos 5:8
1 Juan 1:9
Romanos 10:9, 10
Romanos 10:13
Apocalipsis 3:20
Juan 1:12
1 Juan 5:11-13
Tito 3:5
Efesios 2:8

Para algunas personas es fácil memorizar y para otras puede ser difícil. Que sea un punto sobre el cual orar. Dios honrará tu intenso deseo de guardar su Palabra en tu corazón.

Cómo memorizar las Escrituras

El siguiente método puede hacer que la memorización sea más fácil.

- Lee el versículo en voz alta varias veces.

- Usa tono y sentimiento; evita la monotonía.

- Memoriza la referencia y repítela tres veces.

- Agrega la primera frase y repite tres veces la referencia y la frase.

- Cada vez que puedas repetir tres veces palabra por palabra lo que has memorizado, agrega una nueva frase.

- Después de citar todo el versículo, di de nuevo la referencia.

- Repasa cinco veces todo el versículo.

- ¡Repasa, repasa, repasa!

Recordar memorizar y citar palabra por palabra. Esto edifica la confianza y exactitud al citar el versículo.

No cites demasiado rápido. Es un mal hábito. Di el pasaje lo suficientemente lento como para que la gente te entienda, y que las Escrituras cobren vida para el oyente.

Repasa cada versículo por 21 días de corrido sin cometer errores. Esto te asegurará que lo has memorizado. Antes de completar el curso de EXCELENCIA debes citar todos estos versículos de una vez palabra por palabra.

Deja tiempo de lado para pensar en maneras en que el versículo se aplica a las áreas de tu vida.

Actividad
5 minutos

Tiempo pasado:
1:30

HOJA PARA MEMORIZACION DE LAS ESCRITURAS

La Hoja de ejercicio 10 contiene todos los versículos para memorizar en una tarjeta. Usa una tijera o cortador de papel para cortar las tarjetas o déjalas unidas en la misma hoja.

Tarea para la Sesión 4

Memorizar los siguientes versículos:

2 Timoteo 2:15
Josué 1:8
Salmo 119:9, 11
1 Pedro 3:15

Actividad para terminar
20 minutos

Tiempo pasado:
1:35

TIEMPO DE ORACION

Tengan un tiempo de oración intercesora espontánea. No tomes pedidos de oración en este momento. Algunas sugerencias para orar son:

- Que cada persona se discipline para hacer el trabajo.

- Que cada persona tenga más hambre de Dios.

- Cada universidad representada.

- Que cada persona tome tiempo para orar y leer la Biblia.

- Que cada persona esté sana y pueda volver la semana que viene.

- Que cada persona venza el desaliento y la pereza.

Líder: Recoge la ofrenda misionera en este momento.

Tareas que completar antes de la Sesión 4

Usar el "Cuadro de lectura de la Biblia" (Hoja de ejercicio 8) para marcar los capítulos que has leído.

Completar el "Diario de lectura de la Biblia" (Hoja de ejercicio 1) cada día (7 días de seguido).

Usar el "Reporte de progreso diario" (Hoja de ejercicio 4) cada día (7 días de seguido).

Orar por lo menos 15 minutos cada día y usar "Mi lista de oración" (Hoja de ejercicio 2).

Memorizar los nombres de los libros del Antiguo Testamento.

Completar las lecciones 5-8 en el Curso 2 de "Vida en la Palabra: claves para una vida cristiana práctica". Asegúrate de completar todas las tareas (lectura de la Biblia, preguntas, y como punto extra los versículos para memorizar en cada lección).

Memoriza estos versículos: 2 Timoteo 2:15; Josué 1:8; Salmo 119:9, 11; 1 Pedro 3:15.

EXCELENCIA
EXCELENCIA
4

SESION

Los objetivos de esta semana

Sobresaliendo en el testimonio

Razones de que necesitemos compartir a Cristo
con los demás

Por qué los cristianos no testifican

Plan de evangelismo de 4 semanas

El camino a la salvación

Tareas que completar antes de la Sesión 5

Los objetivos de esta semana

Esta semana los alumnos aprenderán lo siguiente:

- La importancia de testificar a los demás.

- Cómo ser un cristiano amistoso y lleno de amor.

- Cómo ser un amigo.

- Cómo usar el "Plan de evangelismo de 4 semanas".

- Cómo identificar dónde están los que no son cristianos en el camino a la salvación.

Actividad
20 minutos

GRUPOS PEQUEÑOS

Comparte parte de la hoja de tu "Diario de lectura de la Biblia" de esta semana.

Comparte cualquier respuesta a la oración.

Haz que alguien revise tu trabajo y firme tu "Registro de trabajos terminados".

- Citó los versículos: 2 Timoteo 2:15; Josué 1:8; Salmo 119:9, 11; 1 Pedro 3:15.

- Usó cada día el "Cuadro de lectura de la Biblia".

- Completó cada día el "Diario de lectura de la Biblia".

- Usó cada día el "Reporte de progreso diario".

- Revisó las lecciones 5-8 en el Curso 2 de "Vida en la Palabra: claves para la vida cristiana práctica." Citó los versículos para memorización aprendidos.

- Oró por lo menos 15 minutos cada día usando "Mi lista de oración".

- Citó los nombres de los libros del Antiguo Testamento.

Tiempo de enseñanza

Sobresaliendo en el testimonio

La razón del discipulado no es sólo tomar una clase para poder ser una mejor persona. Ser un discípulo es ser más semejante a Jesús; parte de este proceso es multiplicar la fe de uno en los demás. Aprendemos a fin de estar mejor equipados para compartir con los demás. La Biblia habla acerca de las razones de que necesitemos compartir nuestra fe con los demás.

GRUPOS PEQUEÑOS

En el grupo completen el siguiente proyecto:

- Buscar cada versículo y llenar los espacios en blanco.

- En grupo, discutir cómo el versículo se relaciona con la importancia de testificar.

Razones de que necesitemos compartir a Cristo con los demás

Mateo 4:19—"Y les dijo: Venid en pos de mí, y os haré ____

_____

Significado: _____

_____

Lucas 19:10—"Porque el Hijo del Hombre vino a _____

_____

Significado: _____

_____

Marcos 10:43-45—"Pero no será así entre vosotros, sino que el que quiera hacerse grande entre vosotros será vuestro servidor, y el que de vosotros quiera ser el primero, será siervo de todos.

Porque el Hijo del Hombre no vino para _____

_____

Significado: _____

_____

1 Pedro 3:15—"Sino santificad a Dios el Señor en vuestros

corazones, y estad siempre _____

_____

con mansedumbre y reverencia." _____

Significado: _____

_____

Mateo 28:19, 20—"Por tanto _____
a todas las naciones, bautizándolos en el nombre del Padre, y

del Hijo, y del Espíritu Santo; todas _____
las cosas que os he mandado; y he aquí yo estoy con vosotros todos los días, hasta el fin del mundo."

Significado: _____

_____

_____

Romanos 10:13-15—"Porque todo aquel que invocare _____

_____

¿Cómo, pues, invocarán a aquel en el cual no han creído?

_____

_____

¿Y cómo oirán sin haber quien les predique? ¿Y cómo predicarán si no fueren enviados? Como está escrito:

_____

_____

_____

Significado: _____

_____

_____

Ezequiel 33:6—"Pero si el atalaya viere venir la espada y no tocare la trompeta, y el pueblo no se apercibiere, y viniendo la espada, hiriere de él a alguno, éste fue tomado por causa de su

pecado, pero _____

_____

_____

Significado: _____

_____

_____

Actividad
5 minutos

Tiempo pasado:
30 minutos

DISCUSION

Discutan en la clase la importancia de compartir nuestra fe.

- ¿Por qué es tan importante?

- ¿Qué pasará si no compartimos nuestro testimonio con los demás?

Por qué los cristianos no testifican

Una de las razones más tristes de que la gente no acepte a Cristo es que los cristianos no saben cómo compartir su fe claramente. La mayoría de los creyentes no quieren que su familia, amigos, u otras personas vayan al infierno, pero no saben cómo hablarles de Jesús.

Líder: Pregunta a toda la clase: "¿Por qué la gente no testifica?" Las respuestas variarán a medida que los alumnos expresan sus ideas. Una buena transición después de la discusión sería: "Trataremos con uno de los mayores impedimentos del testificar: saber qué decir. Si el miedo es lo que los obstaculiza, pediremos a Dios que los ayude y les de valentía para compartir palabras de vida con los demás.

En esta sección aprenderán cómo compartir con los demás su fe en Jesucristo.

El primer paso para ser un testigo eficaz es estar consciente de las personas a su alrededor. También es importante conocer a inconversos para poder ser testigos. Ustedes pueden tener amigos no-creyentes que sin embargo no participan aún de un estilo de vida pecaminoso. Podemos estar en el mundo sin ser parte de él.

Para poder tener amigos inconversos debemos ser cristianos amistosos y llenos de amor. La clave para tener muchos amigos no es tratar de "hacer amigos" sino de "ser un amigo".

GRUPOS PEQUEÑOS

Pide a los grupos pequeños que compartan lo siguiente:

Citen las cualidades de un buen amigo:

_____

_____

_____

Plan de evangelismo de 4 semanas

Durante las próximas 4 semanas serás desafiado a ser un amigo de todas las personas que encuentres. Enfocarás tu día con propósito y anticipación. Sabrás que Dios ha dispuesto que conozcas a algunas personas ese día y que posiblemente les presentes a Jesús.

Sigue estos pasos durante las siguientes 4 semanas.

#1 Ora cada mañana además de tu tiempo de oración normal.

- Ora por los miembros de tu pequeño grupo.

- Ora que Dios provea oportunidades para conocer a personas hoy.

- Ora para que Dios dirija tus conversaciones de manera que puedas compartir a Cristo.

- Ora que los corazones estén abiertos para recibir la Palabra.

- Ora que el Espíritu Santo convenza a tus amigos de su pecado.

- Ora que el Espíritu Santo los lleve a Cristo.

- Ora por fortaleza y sabiduría.

#2 Conoce a personas.

- Aprende sus nombres.

- Escribe sus nombres en tu libreta de apuntes para poder recordarlos.

- Llámalos por nombre cuando los felicites o saludes.

- Recuerda que su nombre es importante para ellos. (¿Cuáles son algunas maneras prácticas de recordar nombres?)

- Asocia sus nombres con sus caras.

- Asocia sus nombres con un objeto o una actividad.

- Usa sus nombres tres veces en tu primera conversación.

#3 Pasa un tiempo con la persona que acabas de conocer.

- Vayan a ver un partido deportivo, a tomar una Coca-cola, a trotar, jugar tenis, etc.

- La clave es mantenerlo divertido y puro.

- Desarrolla una relación sobre un "terreno en común".

#4 Invítalos a una actividad cristiana.

- Un concierto, fiesta, cena, etc.

#5 Si puedes, comparte tu testimonio personal con ellos. Cuéntales cómo llegaste a Cristo y cómo El ha cambiado tu vida. No uses "palabrería religiosa". Mantenlo simple. (Ve el apéndice A, "Cómo preparar tu testimonio personal".)

#6 Pregúntales acerca de Jesús.

- Pregúntales si lo conocen personalmente.

- Pregúntales si les gustaría saber cómo recibir a Cristo y

su perdón y estar seguros de la vida eterna.

#7 Comparte el plan de salvación de Dios.

#8 Recluta a otros cristianos en el "Plan de evangelismo de 4 semanas".

Pasa al "Registro de evangelismo de 4 semanas" (Hoja de ejercicio 3). Sigue cada día estos simples pasos durante las siguientes 4 semanas y observa a Dios utilizarte para tocar vidas.

Tiempo de enseñanza 15 minutos

Tiempo pasado: 1:20

El camino a la salvación

- Pasa a la hoja de ejercicio 7

Este diagrama ilustra las fases por las que un inconverso puede pasar en su camino a aceptar a Cristo.

- Apatía: La mayoría de las personas no cristianas no están necesariamente en contra de Jesús o del cristianismo. Su actitud hacia la iglesia y los cristianos es prácticamente una falta de interés. "¿A quién le importa?"

- Curiosidad: Si estás viviendo verdaderamente para Cristo, la gente lo notará. Ellos verán la manera en que tratas a la gente y respetas a la autoridad aunque no estén siempre de acuerdo. Ellos notarán la manera en que actúas, te vistes, y hablas. Verán las cosas que haces y las que no haces. Al principio, tal vez piensen: "Eso es diferente".

- Interés: A medida que tu testimonio sea consecuente y constante, aquellos que te conocen—o por lo menos saben quién eres—tal vez pregunten: "¿Por qué eres tan diferente?" Preguntas como esa son una dorada oportunidad para hablar sobre la diferencia que Jesús ha hecho en tu vida.

- Evaluación: Al clamar ser un seguidor de Jesucristo, das a tus amigos el derecho de hacer una pregunta muy importante: "¿Realmente es bueno para ti?" Ellos frecuentemente probarán tu fe con la sincera esperanza de que permanezcas fiel a tus valores.

- Análisis: Si tus amigos ven la realidad de tu relación con Cristo, tal vez pregunten: "¿Puede también ser bueno para mí?" Para muchos de tus amigos, Jesús es tal vez su última esperanza de encontrar significado en esta vida.

- Compromiso: Una de las experiencias más conmovedoras que puedes tener es escuchar a tus amigos clamar: "Sí, es para mí".

TIEMPO DE ORACION

Tengan un tiempo de oración intercesora por sus amigos y parientes que no son cristianos.

Líder: Recoge la ofrenda misionera en este momento.

Tareas a completar antes de la Sesión 5

Usa el "Cuadro de lectura de la Biblia (Hoja de ejercicio 8) para marcar los capítulos que has leído.

Completa el "Diario de lectura de la Biblia" (Hoja de ejercicio 1) cada día.

Completa cada día el "Informe de progreso diario" (Hoja de ejercicio 4).

Ora por lo menos 15 minutos cada día y usa "Mi lista de oración" (Hoja de ejercicio 2) y registra las respuestas a la oración.

Comienza a usar el "Registro de evangelismo de 4 semanas" (Hoja de ejercicio 3) y sigue los pasos.

Repasa cada día los siguientes versículos:

2 Timoteo 2:15
Josué 1:8
Salmo 119:9, 11
1 Pedro 3:15

Memoriza los siguientes versículos:

Romanos 3:23
Romanos 6:23
Juan 3:16, 17
Juan 10:10

EXCELENCIA
EXCELENCIA

5

S E S I O N

Los objetivos de esta semana

Mi clase ... Mi campo misionero

Lista de evangelismo personal para mi clase

Cómo preparar tu testimonio personal

Tareas que completar antes de la Sesión 6

SESION CINCO

Los objetivos de esta semana

Esta semana los alumnos aprenderán lo siguiente:

- Cómo usar su clase, vecindario, o lugar de trabajo como campo misionero.

- Cómo desarrollar una lista de evangelismo personal.

- Cómo hacer la presentación de su testimonio personal.

Actividad
20 minutos

GRUPOS PEQUEÑOS

Comparte parte de la hoja de tu "Diario de lectura de la Biblia" de esta semana.

Comparte alguna respuesta a la oración.

Haz que alguien revise tu trabajo y firme tu "Registro de trabajos terminados".

- Citó los versículos: Romanos 3:23; Romanos 6:23; Juan 3:16, 17; Juan 10:10.

- Usó cada día el "Cuadro de lectura de la Biblia".

- Completó cada día el "Diario de lectura de la Biblia".

- Usó cada día el "Informe de progreso diario".

- Oró por lo menos 15 minutos cada día y usó "Mi lista de oración".

- Comenzó a usar la Hoja de ejercicio "Registro de evangelismo de 4 semanas".

- Repasó todos los días los versículos para memorizar.

Tiempo de enseñanza
10 minutos

Tiempo pasado:
20 minutos

Mi clase ... Mi campo misionero

- Pasa a la hoja de ejercicio 5.

Este es un diagrama del testimonio potencial de cada alumno en cada clase en cada universidad en América. Usando el "Plan de evangelismo de 4 semanas" trata de realmente hacer una diferencia en la vida de aquellos que se sientan a tu alrededor cada día en clase. Abre tus ojos, porque la siembra está madura.

Si estás tomando esta clase de discipulado y no estás en una universidad, haz lo siguiente:

56

Tiempo de enseñanza
10 minutos

Tiempo pasado:
30 minutos

- En los espacios en blanco, escribe los nombres de las personas que viven o trabajan a tu alrededor. Tal vez quieras hacer tu propio cuadro.

Lista de evangelismo personal para mi clase

- Pasa a la hoja de ejercicio 6.

Esta hoja de ejercicios debe ser fotocopiado para que puedas tener uno para cada clase que tienes en la universidad. Funciona de la siguiente manera:

1. Escribe el nombre de la clase y el maestro arriba.

2. Escribe los nombres de aquellos que se sientan a tu alrededor y cualquier otra información que puedas necesitar (número de teléfono, etc.).

3. Cita las necesidades especiales (autoestima, aliento, un amigo, salvación, etc.) e intereses (deportes, autos, caballos, etc.) que has observado.

4. Cita los materiales que podrían generar un interés en Cristo (revista, libros, casetes, etc.).

5. Cita las próximas actividades cristianas a las que tal vez se interesen asistir.

6. Determina cuándo y cómo compartirás tu fe.

7. Cita cualquier comentario adicional que pueda ayudarte.

Actividad
20 minutos

Tiempo pasado:
40 minutos

GRUPOS PEQUEÑOS

Pide a los grupos que compartan lo siguiente:

- En 4 minutos o menos (cada uno) refieran cómo se convirtieron en cristianos.

Cómo preparar tu testimonio personal

Actividad
30 minutos

Tiempo pasado:
1 hora

Preparando tu testimonio personal

Pasa al Apéndice A, "Cómo preparar tu testimonio personal"*. Esta sección de EXCELENCIA fue usado con permiso de NAV-PRESS. Los navegantes lo han fundado mediante el uso de algunos pasos fáciles que uno puede usar para compartir su testimonio eficaz y claramente con inconversos.

Líder: Ten ejemplos listos que demostrar.

- Lean juntos el Apéndice A.

Tarea para la Sesión 6

En la "Hoja de ejercicio para el testimonio personal—Primer diseño" completa los pasos A al C de la Sección III "La secuencia de tu preparación". Evalúa tu primer diseño, con la ayuda de un líder si es posible (ve la "Evaluación del diseño del testimonio personal"). Para nuestra próxima sesión, ten el segundo diseño de tu testimonio listo para compartir en tu grupo. Puedes usar tarjetas de apuntes si prefieres. Recibirás la crítica de los demás, pero no te asustes; sólo prepárate.

Ayuda: Esta es probablemente la tarea más difícil en EXCELENCIA. Puedes tratar de compartir varias veces en voz alta tu testimonio antes de bosquejarlo. Después de tener un bosquejo, usa una grabadora para registrar tu testimonio; luego evalúalo tú mismo. Haz esto varias veces antes de la siguiente clase.

Actividad para terminar 10 minutos

Tiempo pasado: 1:30

TIEMPO DE ORACION

Pasen un tiempo de oración. Compartan las necesidades que están en su corazón.

Líder: En este momento recoge las ofrendas misioneras.

Tareas que completar antes de la Sesión 6

Prepara el segundo diseño de tu testimonio personal en tarjetas índice y prepárate a darlo en la próxima sesión.

Si necesitas ayuda, pídesela al líder de la clase. Sigue las normas y usa la Hoja de ejercicio provistos en el Apendice A, "Cómo preparar tu testimonio personal".

Completa "Mi clase ... Mi campo misionero" (Hoja de ejercicio 5B).

Comienza a usar "Lista de evangelismo personal para mi clase" (Hoja de ejercicio 6).

Usa el "Cuadro de lectura de la Biblia" (Hoja de ejercicio 8) para marcar los capítulos que has leído.

Completa el "Diario de lectura de la Biblia" (Hoja de ejercicio 1) cada día.

Completa el "Informe de progreso diario" (Hoja de ejercicio 4) cada día.

Ora por lo menos 15 minutos cada día y usa "Mi lista de oración" (Hoja de ejercicio 2) y registra las respuestas a la oración.

Continúa usando el "Registro de evangelismo de 4 semanas"

(Hoja de ejercicio 3) y sigue los pasos.

Repasa cada día los siguientes versículos:

2 Timoteo 2:15
Josué 1:8
Salmo 119:9, 11
1 Pedro 3:15
Romanos 3:23
Romanos 6:23
Juan 3:16, 17
Juan 10:10

Memoriza los siguientes versículos:

Romanos 5:8
1 Juan 1:9
Romanos10:9, 10
Romanos 10:13

EXCELENCIA
EXCELENCIA
6

SESION

Los objetivos de esta semana

Repaso de la Hoja de ejercicio

Cómo compartir tu testimonio personal

Tarea para la Sesión 7

Cómo orar por los perdidos

Tareas que completar antes de la Sesión 7

Los objetivos de esta semana

Esta semana los alumnos aprenderán lo siguiente:

- Cómo compartir su testimonio personal en menos de 4 minutos.

- Cómo orar por los perdidos.

Actividad
30 minutos

GRUPOS PEQUEÑOS

Comparte parte de la hoja de tu "Diario de lectura de la Biblia" de esta semana.

Comparte cualquier respuesta a la oración.

Haz que alguien revise tu trabajo y firme tu "Registro de Trabajos terminados".

- Citó los versículos: Romanos 5:8; 1 Juan 1:9; Romanos 10:9, 10; Romanos 10:13.

- Usó cada día el "Cuadro de lectura de la Biblia".

- Completó cada día el "Diario de lectura bíblica"

- Usó cada día el "Informe de progreso diario".

- Oró por lo menos 15 minutos cada día y usó "Mi lista de oración".

- Preparó el segundo diseño del testimonio personal.

- Repasó todos los días los versículos para memorizar.

Repaso de la Hoja de ejercicio

- "Plan de evangelismo de 4 semanas" (Hoja de ejercicio 3)

- "El camino a la salvación" (Hoja de ejercicio 7)

- "Mi clase ... mi campo misionero" (Hoja de ejercicio 5)

- "Lista de evangelismo personal para mi clase" (Hoja de ejercicio 6)

Compartan los resultados del "Plan de evangelismo de 4 semanas". Los resultados variarán de persona a persona. Asegúrate de hacer a cada uno responsable en esta importante parte del discipulado.

Usa el "Camino a la salvación" para evaluar a algunas de las personas no-cristianas con las que has comenzado una amistad y determina dónde están en el camino de salvación.

Haz lo mismo con la "Lista de evangelismo personal para mi clase".

Estas hojas de ejercicio parecen ser trabajo repetido, pero te ayudarán a entender que eres un misionero en un campo de misiones donde quiera que vayas.

Jesús dijo: "¿No decís vosotros: Aún faltan cuatro meses para que llegue la siega? He aquí os digo: Alzad vuestros ojos y mirad los campos, porque ya están blancos para la siega" (Juan 4:35).

Estas Hojas de ejercicios te ayudarán a sobresalir en los fundamentos del testimonio y eventualmente te ayudarán a sobresalir en los fundamentos del discipulado para que otros se conviertan en testigos de Cristo también.

*Tiempo de enseñanza
5 minutos*

*Tiempo pasado:
30 minutos*

Durante las últimas semanas has sido desafiado a sobresalir en tus esfuerzos para ser un cristiano más eficaz. Has sido inspirado a aceptar el desafío de sobresalir en los fundamentos del discipulado.

- La lectura de la Biblia

- La oración

- Memorización de las Escrituras

- Testificar

Esta semana, aprenderás cómo ser un testigo más eficaz. Por ahora ya debes haber completado un borrador de tu testimonio personal, describiendo cómo llegaste a conocer a Jesús como tu Salvador. Tu historia es muy especial. Podrás tocar muchas vidas al aprender cómo compartir con confianza lo que Dios ha hecho en tu vida.

Cada cristiano tiene una historia de cómo Jesús le ha hecho una nueva persona. Con ese cambio viene una gran responsabilidad de compartir con los demás la gran historia de Jesús.

El apóstol Pablo dice en 2 Corintios 5:17-20:

"De modo que si alguno está en Cristo, nueva criatura es; las cosas viejas pasaron; he aquí todas son hechas nuevas. Y todo esto proviene de Dios, quien nos reconcilió consigo mismo por Cristo, y nos dio el ministerio de la reconciliación; que Dios estaba en Cristo reconciliando consigo al mundo, no tomándoles en cuenta a los hombres sus pecados, y nos encargó a nosotros la palabra de la reconciliación. Así que, somos embajadores en nombre de Cristo, como si Dios rogase por medio de nosotros; os rogamos en nombre de Cristo: Reconciliaos con Dios."

Si estás en Cristo eres una nueva persona. Has sido cambiado y tienes una historia que contar. Dios te ha reconciliado consigo mismo; te ha traído de vuelta a El a través del mensaje de la reconciliación. Ese mensaje es Jesús, y por fe le has recibido en tu vida. Desde que viniste a Dios, El te ha asignado la tarea de compartir el mensaje con aquellos que todavía no lo han recibido. Como has sido cambiado, Dios te considera su representante o embajador. A través tuyo, El está haciendo su apelación y declarando su mensaje a aquellos que están sin Cristo.

El punto central: tú eres o bien un misionero o un campo misionero. O bien estás afectando a tu mundo con las buenas nuevas sobre Jesús, o todavía necesitas ser afectado con estas buenas nuevas que cambian la vida.

Cómo compartir tu testimonio personal

Actividad

45 minutos

Tiempo pasado: 35 minutos

TALLER DE TESTIMONIO PERSONAL

Compartan su testimonio personal unos con otros en su grupo (sólo si tienen 4 personas o más). Usa tu diseño si lo deseas.

Paso 1 (5 minutos)

- Pasa al Apéndice y repasa los reglamentos apropiados para preparar tu testimonio personal.

Paso 2 (10 minutos)

- Divídanse en grupos de dos o tres.

- Toma el tiempo del testimonio de tu compañero. (Este debe ser el segundo diseño).

- Critíquense unos a otros, usando los reglamentos como guías. (Ve especialmente la columna del segundo diseño en el "Segundo diseño del testimonio personal".)

- Advertencia: Para muchos, este ejercicio será especialmente difícil por tanto se tendrán que ayudar unos a otros en este proceso.

- Una vez que tú y tu compañero hayan compartido o hayan sido criticados, toma tiempo para hacer cambios (en un tercer diseño) mientras las ideas estén aún frescas en tu mente. (Puedes usar la "Hoja del testimonio personal— Tercer diseño" o tarjetas de apuntes si lo deseas).

Paso 3 (15 minutos)

- Comparte tu testimonio (tercer diseño) con todo tu grupo a medida que cada miembro te critica y dirige para hacer algunos cambios.

Paso 4 (15 minutos)

- Comparte tu testimonio con uno de los líderes adultos para que él o ella te critique.

Tarea para la Sesión 7

Antes de la próxima vez que nos reunamos, comparte tu testimonio en público entre otros creyentes.

- En el servicio de jóvenes.

- En el estudio bíblico.

- Durante un servicio por la mañana o la noche.

- En la escuela dominical.

- En un club bíblico de la universidad.

Pide a Dios que te dé la oportunidad de compartir con personas a quienes has conocido en las últimas semanas con el uso del "Plan de evangelismo de 4 semanas". Toma tiempo para compartir con ellos lo que Jesús ha hecho en tu vida.

Tiempo de enseñanza
10 minutos

Tiempo pasado:
1:20 minutos

(Diapositiva 9)

Cómo orar por los perdidos

La oración hace toda la diferencia en nuestro poder para ser testigos de Cristo, pero también libera el poder del Espíritu Santo para obrar en la vida del inconverso.

Sigue estos pasos al orar por los perdidos:

1. Ora para que sus corazones estén abiertos a escuchar la Palabra de Dios.

   "Y éstos son los que fueron sembrados en buena tierra: los que oyen la palabra y la reciben, y dan fruto a treinta, a sesenta, y a ciento por uno" (Marcos 4:20).

   "Mas la [semilla] que cayó en buena tierra, éstos son los que con corazón bueno y recto retienen la palabra oída, y dan fruto con perseverancia" (Lucas 8:15).

2. Ora que el Espíritu Santo los convenza de pecado.

   "Pero yo os digo la verdad: Os conviene que yo me vaya; porque si no me fuese, el Consolador no vendría a vosotros; mas si me fuere, os lo enviaré. Y cuando él venga, convencerá al mundo de pecado, de justicia y de juicio. De pecado, por cuanto no creen en mí" (Juan 16:7-9).

3. Orá que el Espíritu Santo los acerque a Dios.

   "Ninguno puede venir a mí, si el Padre que me envió no le trajere; y yo le resucitaré en el día postrero" (Juan 6:44).

4. Ora para que Dios envíe obreros a cosechar a los perdidos.

   "Y les decía: La mies a la verdad es mucha, mas los obreros pocos; por tanto, rogad al Señor de la mies que envíe obreros a su mies" (Lucas 10:2).

5. Agradece al Señor por haber escuchado tu oración.

"Y Jesús, alzando los ojos a lo alto, dijo: Padre, gracias te doy por haberme oído" (Juan 11:41).

Actividad para terminar 10 minutos

Tiempo pasado: 1:30

TIEMPO DE ORACION

Oren juntos por aquellos que han conocido. Si quieres recordar en tu lista a alguien en particular, menciónalo al grupo al orar. También, haz que el grupo ponga las necesidades especiales en sus listas de oración (Hoja de ejercicio 2).

Líder: Recoge la ofrenda misionera en este momento.

Tareas que completar antes de la Sesión 7

Lee y estudia el apéndice B, "Cómo desarrollar un plan para ganar almas". Está listo para usar los datos en el Apéndice B en el taller de presentación del evangelio en la Sesión 7.

Comparte tu testimonio personal en un formato cristiano como se sugiere en esta sesión. Si puedes, comparte también con un inconverso.

Continúa usando "Lista de evangelismo personal para mi clase" (Hoja de ejercicios 6).

Continúa conociendo y testificando a personas no-cristianas usando el "Registro de evangelismo de 4 semanas" (Hoja de ejercicio 3).

Usa el "Cuadro de lectura de la Biblia (Hoja de ejercicio 8) para marcar los capítulos que has leído.

Completa cada día el "Diario de lectura de la Biblia" (Hoja de ejercicio 1).

Completa cada día el "Informe de progreso diario" (Hoja de ejercicio 4).

Ora cada día por lo menos 15 minutos y usa "Mi lista de oración" (Hoja de ejercicio 2) y registra las respuestas a la oración.

Repasa cada día los siguientes versículos:

2 Timoteo 2:15
Josué 1:8
Salmo 119:9, 11
1 Pedro 3:15
Romanos 3:23
Romanos 6:23
Juan 3:16, 17
Juan 10:10
Romanos 5:8

1 Juan 1:9
Romanos 10:9, 10
Romanos 10:13

Memoriza los siguientes versículos:

Apocalipsis 3:20
Juan 1:12
1 Juan 5:11-13
Tito 3:5
Efesios 2:8

EXCELENCIA

7

EXCELENCIA

S
E
S
I
O
N

Los objetivos de esta semana

Cómo desarrollar un plan para ganar almas

La Biblia dice que tenemos un problema:

Merecemos el castigo o la pena por el pecado:

Dios tiene una solución y nos da una puerta de esperanza:

Podemos recibir la salvación:

Cómo pedir un compromiso

Seguridad

Seguimiento

Uniendo todo

Tarea

SESION SIETE

Los objetivos de esta semana

Esta semana los alumnos aprenderán lo siguiente:

- Cómo compartir el plan de salvación con un inconverso.

- Cómo usar los versículos de memorización eficazmente en la presentación del evangelio.

Actividad
20 minutos

GRUPOS PEQUEÑOS

Comparte parte de la hoja de tu "Diario de lectura de la Biblia" de esta semana.

Comparte las respuestas a la oración.

Comparte los resultados del "Plan de evangelismo de 4 semanas" y la "Lista de evangelismo personal para mi clase". Usa el "Camino a la salvación" para evaluar a algunos de los inconversos con los que has entablado amistad y determina dónde están en el camino a la salvación.

Haz que alguien revise tu trabajo y firme tu "Registro de trabajos terminados".

- Citó los versículos: Apocalipsis 3:20; Juan 1:12; 1 Juan 5:11-13; Tito 3:5; Efesios 2:8.

- Usó cada día el "Cuadro de lectura de la Biblia".

- Completó cada día el "Diario de lectura de la Biblia"

- Usó cada día el "Informe de progreso diario".

- Oró por lo menos 15 minutos cada día y usó "Mi lista de oración".

- Repasó todos los días los versículos para memorizar.

- Compartió el testimonio personal en un formato cristiano.

- Leyó el Apéndice B.

Tiempo de enseñanza
10 minutos

Tiempo pasado:
20 minutos

Cómo desarrollar un plan para ganar almas

La necesidad del momento es que los cristianos hablen a sus amigos y parientes—no sobre la iglesia, religión, filosofía, o denominaciones, sino de Jesucristo.

Los doctores preguntan para descubrir lo que está mal en sus pacientes. En el reino espiritual, preguntar es indispensable también. Debemos hacer preguntas que revelarán la condición espiritual de nuestros amigos. Las buenas preguntas pueden también abrir una puerta para compartir lo que la Biblia dice sobre la vida y la salvación. Cada presentación debe incluir pasajes de las Escrituras para mostrar la realidad del pecado, su pena, la provisión de Dios por el castigo, cómo recibir el perdón a través de la oración, y los beneficios de recibir a Cristo.

¿Qué significa ser cristiano? Al hacer esta pregunta, muchos te dirán lo que un cristiano hace. Un cristiano va a la iglesia, lleva la biblia, testifica—un cristiano hace esto o aquello. Tú puedes responder: "Tú has dicho lo que un cristiano hace, pero déjame compartir lo que un cristiano es." Hagamos la pregunta de nuevo—"¿Qué significa ser cristiano?"

Como cristiano yo:

1. Reconozco que la Biblia nos dice que estamos destituidos de la gloria de Dios—Romanos 3:23.

2. Reconozco que la Biblia nos asegura que hay un castigo por el pecado—Romanos 6:23.

3. Reconozco que la Biblia nos dice que a través de Jesucristo hay una provisión para resolver el problema del pecado—Romanos 6:23.

4. Reconozco que la Biblia nos dice que podemos orar por el perdón y estar seguros de ser perdonados—1 Juan 1:9.

Actividad
10 minutos

Tiempo pasado:
30 minutos

DIALOGO PRACTICO

Con otra persona de tu grupo toma 10 minutos para practicar el posible diálogo que podría entablarse a partir de las siguientes preguntas:

Pregunta: "¿Qué es un cristiano?"

Respuesta: "Como cristiano yo ..."

Tiempo de enseñanza
10 minutos

Tiempo pasado:
40 minutos

Cómo alguien a quien estás testificando respondería la siguiente pregunta:

"Supón que mueres esta noche y te presentas delante de Dios; y Dios te dice: '¿Por qué debo permitir que entres a mi cielo?' ¿Qué le dirías?"

Alguien podría responder:

"Soy una buena persona".
"Yo no miento".
"No he matado a nadie".
"Trato de hacer las cosas rectas (morales)".
"Voy a la iglesia y pago mis diezmos".

Aunque estas son características admirables, y que todos deberíamos poseer, la Biblia es clara en cuanto al camino para llegar al cielo. El siguiente bosquejo es una excelente manera para hacer entender a los inconversos que ser una buena persona no les llevará al cielo.

La Biblia dice que tenemos un problema:

"Por cuanto todos pecaron, y están destituidos de la gloria de Dios" (Romanos 3:23).

Merecemos el castigo o la pena por el pecado:

"La paga del pecado es muerte ..." (Romanos 6:23).

Dios tiene una solución y nos da una puerta de esperanza:

"Mas la dádiva de Dios es vida eterna" (Romanos 6:23).

"Porque de tal manera amó Dios al mundo, que ha dado a su Hijo unigénito, para que todo aquel que en él cree, no se pierda, mas tenga vida eterna. Porque no envió Dios a su Hijo al mundo para condenar al mundo, sino para que el mundo sea salvo por él" (Juan 3:16, 17).

En este momento dé un breve repaso del nacimiento, muerte, y resurrección de Cristo, subrayando que él pagó por nuestro "castigo" y fue nuestro substituto. Su propósito al venir, según Juan 10:10, fue que tengamos vida, y vida en abundancia.

Podemos recibir la salvación:

"Si confesamos nuestros pecados, él es fiel y justo para perdonar nuestros pecados, y limpiarnos de toda maldad" (1 Juan 1:9).

"Que si confesares con tu boca que Jesús es el Señor, y creyeres en tu corazón que Dios le levantó de los muertos, serás salvo" (Romanos 10:9).

*Actividad
10 minutos*

*Tiempo pasado:
50 minutos*

GRUPOS PEQUEÑOS—DRAMATIZACION DE PAPELES

Con otra persona hagan la dramatización de un diálogo que comience con la pregunta: "Supón que mueres esta noche y te presentas delante de Dios; y Dios te dice: '¿Por qué debo permitir que entres a mi cielo?' ¿Qué le dirías?"

Luego, dialoga sobre la necesidad de un bosquejo de la salvación recién cubierto en esta sección. Cambien los papeles al terminar.

Cómo pedir un compromiso

Para asegurar que entendieron tu presentación, pregunta si tuvo sentido. Repasa el bosquejo si es necesario. Tal vez desees preguntar si hay algún impedimento a que hagan un compromiso para Cristo. A menudo la gente duda tomar este paso, y hacer preguntas les ayudará a apuntar sus temores. Cuando sepas la naturaleza de su duda, subraya que Jesús nunca requiere que "entendamos todo" de antemano. Cuando venimos a El simplemente como somos, El nos ayuda a cuidar de esas cosas. (Provee ejemplos de la vida real).

Pueden ocurrir distracciones mientras estás compartiendo, pero haz lo mejor que puedas. Cuando hayas terminado, pregunta si les gustaría orar y pedir a Jesús que entre en su vida mediante un compromiso con El. Explique que hacer esto significa que ya no confiamos más en nuestras "buenas obras" para salvarnos, sino que confiamos en Jesús. Como somos pecadores, no podemos salvarnos a nosotros mismos, no importa cuán buenos tratemos de ser.

Muestra lo que significa una oración de compromiso por decir algo como lo siguiente:

"Padre, gracias por amarme con un amor incondicional y eterno. Tú has demostrado esto a través de tu Hijo amado. Jesús, te pido que entres a mi vida y que perdones todas mis maldades y pecados. Con tu ayuda voy a vivir para ti. Te pido que te encargues de mi vida. Te pido que estés a cargo de todo lo que hago. Gracias Jesús, por morir en mi lugar y resucitar de entre los muertos. Gracias Padre por escuchar y responder mi oración. En el nombre de Jesús, Amén".

Seguridad

La seguridad de la salvación es vital en el proceso del testimonio. No debemos cometer el error de decirles que están salvos. Diríjelos a algunos pasajes de las Escrituras que prueban que la seguridad de la salvación está en recibir a Jesús en su vida. Tú ya has memorizado la mayoría de estos versículos:

"El que cree en mí, tiene vida eterna" (Juan 6:47).

"Mas a todos los que le recibieron, a los que creen en su nombre, les dio potestad de ser hechos hijos de Dios" (Juan 1:12).

"Y este es el testimonio: que Dios nos ha dado vida eterna; y esta vida está en su Hijo" (1 Juan 5:11).

"El que tiene al Hijo, tiene la vida; el que no tiene al Hijo de Dios no tiene la vida" (1 Juan 5:12).

"Estas cosas os he escrito a vosotros que creéis en el nombre del Hijo de Dios, para que sepáis que tenéis vida eterna, y para que

73

creáis en el nombre del Hijo de Dios" (1 Juan 5:13).

"Si confesamos nuestros pecados, él es fiel y justo para perdonar nuestros pecados, y limpiarnos de toda maldad" (1 Juan 1:9).

"Que si confesares con tu boca que Jesús es el Señor, y creyeres en tu corazón que Dios le levantó de los muertos, serás salvo" (Romanos 10:9).

"Porque con el corazón se cree para justicia, pero con la boca se confiesa para salvación" (Romanos 10:10).

"Todo aquel que invocare el nombre del Señor, será salvo" (Romanos 10:13).

Comparte algunos de estos versículos, resume el plan de salvación, si es necesario, y pregunta si tienen algún pedido de oración. Debes saber que si has presentado claramente a Jesucristo, has alcanzado tu propósito, y Dios hará el resto.

GRUPOS PEQUEÑOS

Con la misma persona de tu grupo toma 15 minutos para practicar la dramatización de las secciones "Cómo pedir un compromiso" y "Seguridad". Practica dirigirlos en oración y la confesión de fe.

Seguimiento

Arregla una visita o tiempo juntos para el seguimiento. Invítalos a asistir a la iglesia local y ofrécete a ir con ellos, si es posible. Subraya la importancia de crecer en su relación con el Señor a través de la lectura de la Biblia (comenzando con el Evangelio de Juan), la oración, y la asistencia a la iglesia.

Uniendo todo

Muchos cristianos nunca tienen el gozo de dirigir a otra persona a Cristo. Ellos saben que deben y les gustaría poder hacerlo, pero no saben cómo. Tienen vergüenza de tratar de hacer algo que no conocen muy bien. Tienen miedo de que se les haga preguntas muy profundas, teológicas, y confusas. También tienen miedo del rechazo. Pero mantengamos en mente que con la mayoría de las personas a las que testificas, ya has establecido un terreno en común.

Hay algunas cosas clave que recordar para sobresalir en los fundamentos del testimonio:

1. Comienza tu día orando: "Señor, ayúdame a ser un testigo eficaz para ti hoy".

2. Está listo para compartir en cualquier lugar y a cualquier hora—aprende de memoria algunos de los versículos básicos. Deja que estos te ayuden a decidir memorizar el plan de salvación. Conoce la importancia de la memorización de las

Actividad
15 minutos

Tiempo pasado:
1:10

Tiempo de enseñanza
10 minutos

Tiempo pasado:
1:25

(Diapositiva 10)

Escrituras al testificar.

"Sino santificad a Dios el Señor en vuestros corazones, y estad siempre preparados para presentar defensa con mansedumbre y reverencia ante todo el que os demande razón de la esperanza que hay en vosotros" (1 Pedro 3:15).

"Procura con diligencia presentarte a Dios aprobado, como obrero que no tiene de qué avergonzarse, que usa bien la palabra de verdad" (2 Timoteo 2:15).

3. Sé un cristiano amistoso y lleno de amor.

4. Debes saber que la gente que no tiene una relación con Jesús está perdida e irá al infierno. Ten una verdadera compasión por los perdidos.

5. Confía en que Dios cosechará almas a través de ti. Tú ya eres una respuesta a muchas oraciones de muchos creyentes.

"Y les decía: La mies a la verdad es mucha, mas los obreros pocos; por tanto, rogad al Señor de la mies que envíe obreros a su mies" (Lucas 10:2).

Tarea

Es tiempo de unir todas las piezas por usar tu testimonio personal, el material del Apéndice B, y lo que has aprendido en esta lección.

Por cuenta propia, durante esta semana, practica con otros cristianos en forma de drama la presentación del evangelio (una vez con un miembro de la clase y dos veces con otros cristianos). Asegúrate de conseguir las firmas y la fecha en que hiciste la presentación para ellos.

Actividad para terminar 10 minutos

Tiempo pasado: 1:35

TIEMPO DE ORACION
Tengan un tiempo espontáneo de oración intercesora. No tome pedidos de oración.
Líder: Recoge ahora la ofrenda misionera.

Tareas que completar antes de la Sesión 8

Practica con un miembro de la clase y con otros dos cristianos la presentación dramatizada del evangelio.

Comparte tu testimonio personal con un inconverso.

Continúa usando "Lista de evangelismo personal para mi clase" (Hoja de ejercicio 6).

Usa el "Cuadro de lectura de la Biblia (Hoja de ejercicio 8) para marcar los capítulos que has leído.

Completa cada día el "Diario de lectura de la Biblia" (Hoja de ejercicio 1).

Continúa conociendo y testificando a personas no-cristianas por usar el "Registro de evangelismo de 4 semanas" (Hoja de ejercicio 3).

Completa cada día el "Informe de progeso diario" (Hoja de ejercicio 2).

Ora cada día por lo menos 15 minutos y usa "Mi lista de oración" (Hoja de ejercicio 2) y registra las respuestas a la oración.

Repasa cada día los siguientes versículos: Recuerda que debes poder citar todos los versículos palabra por palabra antes de terminar este curso.

2 Timoteo 2:15
Josué 1:8
Salmo 119:9, 11
1 Pedro 3:15
Romanos 3:23
Romanos 6:23
Juan 3:16, 17
Juan 10:10
Romanos 5:8
1 Juan 1:9
Romanos 10:9, 10
Romanos 10:13
Apocalipsis 3:20
Juan 1:12
1 Juan 5:11-13
Tito 3:5
Efesios 2:8

EXCELENCIA EXCELENCIA 8

SESION

Los objetivos de esta semana

Ministerio juvenil universitario

¿Qué es el ministerio juvenil universitario?

Cómo formar una estrategia para un ministerio
juvenil universitario

Tareas que completar antes de la Sesión 9

SESION OCHO

Los objetivos de esta semana

Esta semana los alumnos aprenderán lo siguiente:

- Cómo poner en práctica todos los elementos de la presentación del evangelio.

- Cómo desarrollar una estrategia de ministerio para su universidad o lugar de empleo.

- Que ellos son misioneros.

*Actividad
20 minutos*

GRUPOS PEQUEÑOS

Comparte parte de la hoja de tu "Diario de lectura de la Biblia" de esta semana.

Comparte cualquier respuesta a la oración.

Comparte los resultados del "Plan de evangelismo de 4 semanas" y la "Lista de evangelismo personal para mi clase". Usa el "Camino a la salvación" para evaluar a algunos de los inconversos con quienes has estado entablando amistad y determina dónde están en el camino a la salvación.

Haz que alguien revise tu trabajo y firme tu "Registro de trabajos terminados".

- Citó los versículos de memorización restantes.

- Usó cada día el "Cuadro de lectura de la Biblia".

- Completó cada día el "Diario de lectura de la Biblia"

- Usó cada día el "Informe de progreso diario".

- Oró por lo menos 15 minutos cada día y usó "Mi lista de oración".

- Repasó todos los días los versículos para memorizar.

- Compartió su testimonio personal con un inconverso.

- Entrega los nombres y las firmas de los cristianos con quienes practicaste la presentación dramatizada del evangelio (un miembro de la clase y otros dos creyentes).

TALLER DE PRESENTACION DEL EVANGELIO— UNIENDO TODO

Divídanse en grupos de dos o tres y compartan la presentación del evangelio con las demás personas del grupo. Puedes usar tu biblia, o citar los versículos que has memorizado en este curso de discipulado.

En este momento tienes que utilizar todas las instrucciones y herramientas para testificar que has aprendido en esta clase. Esto puede ser difícil de hacer, pero sé paciente; valdrá la pena. Sigue estos pasos:

Paso uno

Reúnete con otra persona (de tu grupo si lo deseas).

Paso dos

Encuentra un punto en común.

Paso tres

Busca una oportunidad de usar la oración de transición que te permitirá compartir tu testimonio personal.

Paso cuatro

Comparte tu testimonio personal. Recuerda incluir al final: "El mejor beneficio de ser un cristiano es saber que tengo vida eterna."

Paso cinco

Pregunta: "¿Estás seguro que tienes vida eterna?" Si dicen que no, pregunta: "¿Les gustaría saber cómo pueden estar seguros de tener vida eterna?"

Paso seis

Comparte la presentación del evangelio. Usa los versículos que has memorizado durante este curso de discipulado en tu presentación.

Paso siete

Pregunta si les gustaría que les dirijas en una oración para recibir a Jesús como Salvador.

Paso ocho

Muéstrales en la Biblia unos pocos versículos sobre la seguridad de la salvación para que sepan que tienen la vida eterna.

Paso nueve

Muéstrales dónde comenzar a leer en la Biblia (Juan). Fija un tiempo para el seguimiento e invítalos a la iglesia.

Paso diez

Cambien de lugar y que la otra persona haga los nueve pasos.

Ministerio juvenil universitario

¿Qué es el ministerio juvenil universitario?

Es formar relaciones, evangelismo personal (uno a uno), actividades después de prácticas o competencias deportivas, tratar de llegar a grupos aún no alcanzados, hablar en las clases, grupos en las universidades, y mucho más. Es cualquier esfuerzo o estrategia para alcanzar a las almas para Jesús en la universidad. Así como hay muy diferentes universidades en tu país, puede haber muy diferentes maneras de tener un ministerio universitario.

Para que el verdadero ministerio universitario comience en una comunidad, la iglesia debe considerar a la universidad como un campo misionero. Podemos considerar a toda nuestra comunidad como un campo misionero y trata de alcanzar a todos los jóvenes de la ciudad, pero el trabajo fue facilitado bastante cuando se inventó algo llamado universidad. Casi todo joven en la comunidad va a un centro académico, y es allí donde pasan la mayoría del tiempo. Dios ha hecho que sea bastante conveniente para los creyentes esparcir el evangelio.

La responsabilidad y el tamaño de la tarea de alcanzar a los jóvenes en nuestra comunidad—y aun más en todo el mundo—puede sobrecogernos. Considera al ministerio universitario como una maratón. No puedes ir y correr una maratón así no más; es muy larga. Debes decidirte, planear cuidadosamente, disciplinarte, entrenar duro, sobreponerte a los golpes, vivir con dolor, permanecer positivo, y nunca renunciar. Una maratón se gana por dar un paso a la vez.

(Diapositiva 11)

La misma dedicación se requiere para alcanzar a la universidad local.

- Requiere de una decisión y una visión. "Voy a alcanzar a cada joven para Jesús en mi campo misionero, mi universidad".

- Requiere de un plan bien pensado, planeado, y flexible.

- Requiere el compromiso diario a las disciplinas personales, sobresaliendo en los fundamentos del discipulado (lectura de la Biblia, memorización de las Escrituras, oración, testimonio, y discipulado).

- Requiere la disposición a ser adiestrado y luego adiestrar a otros que a su vez podrán adiestrar a otros (2 Timoteo 2:2). Este es el proceso de la multiplicación. Ningún individuo puede alcanzar a toda una universidad por sí mismo.

- Requiere un amor por Dios y la gente y un compromiso a ayudar a la gente a vencer el dolor de los sueños rotos, desilusiones, sentimientos heridos, y relaciones quebrantadas.

- Requiere una actitud positiva y un corazón agradecido. Requiere creer en que Dios abrirá las puertas para el ministerio y en un número creciente de almas para su reino. El realmente desea que la gente le conozca, y desea utilizarte a ti—si tú crees!

- Requiere una determinación persistente de ver tus sueños hacerse realidad. "No nos cansemos, pues, de hacer bien; porque a su tiempo segaremos, si no desmayamos" (Gálatas 6:9). Sé fiel al llamado de Cristo.

El ministerio juvenil universitario no se reduce a ser un club. Es una incorrecta interpretación pensar que tenemos un ministerio eficaz solamente por tener un club en una universidad. Muchísimos ministerios juveniles se detienen en ese punto en el ministerio universitario por el hecho de que establecer un club exige tanto esfuerzo.

Mientras la puerta esté abierta, debes aprovechar al máximo esta increíble oportunidad de alcanzar para Cristo a tantos de tus compañeros como sea posible. Los líderes juveniles opinan que si los alumnos toman una posición firme en cuanto a Dios mientras están en la universidad, vivirán para El después de graduarse de la secundaria, en la universidad, o al entrar a un trabajo.

Un club juvenil en la universidad proveerá una influencia positiva. La universidad en general obtendrá muchos beneficios del ministerio juvenil universitario.

- Presión positiva de los compañeros.

- Animo de los alumnos por los alumnos mismos.

- Cuidado e interés por los alumnos.

- Una organización que ayuda a los grupos en las universidades y aun a los solitarios.

Decide ahora que es la voluntad de Dios que tu y tú iglesia participen del ministerio universitario. Ora por el sueño, planéalo, y materializa tus sueños. Trabaja duro y observa la mano de Dios moverse en tu campamento y entre tus amigos.

Nuestra misión es alcanzar a cada alumno para Jesucristo. A fin de que esto sea posible debemos asegurarnos de que antes de salir de la secundaria cada alumno tenga una presentación clara de quién es el Jesús histórico y eterno.

Mardoqueo provocó a su sobrina, la reina Ester, con una constante pregunta: "¿Y quién sabe si para esta hora has llegado al reino?" (Ester 4:14). ¿Quién sabe? Tal vez Dios te ha llevado a tu universidad y te ha ayudado a formar relaciones con tus amigos por un tiempo como este.

¿Te has preguntado alguna vez lo que hubiera ocurrido si Ester no hubiese respondido a la apelación de su tío? Mardoqueo lo expresó muy claro: "Porque si callas absolutamente en este tiempo, respiro y liberación vendrá de alguna otra parte" (v. 14). O sea que si Dios no puede mover a través de ti, El obrará a tu alrededor. Se gastará tiempo valioso y las almas se perderán, pero tú y tus amigos serán los que más perderán. No desperdicies lo que Dios está tratando de hacer en tu vida y a través de ella. La necesidad de un ministerio universitario es grande, y ahora es el tiempo.

¿Serás aquel a quien Dios enviará como misionero a tu universidad? *Tú eres o bien un misionero o un campo misionero.*

Debes creer que Dios tiene un camino para alcanzar a los alumnos en tu universidad.

En Dallas, Oregon, Estados Unidos, una muchacha del primer curso se sintió impulsada a comenzar un ministerio juvenil en su universidad. Su pastor de jóvenes adiestró a ella y a otros dos alumnos para comenzar un ministerio de esa clase. Después de obtener el permiso del director, el grupo se reunió cada dos semanas durante el horario de reunión de clubes de la universidad. Ellos comenzaron en marzo con 23 alumnos y para el fin de mayo tenían ya 192 asistentes. Para el siguiente año lectivo el grupo creció a más de 340 miembros.

En Nueva Jersey, Estados Unidos, se le había negado continuamente a un joven el permiso para comenzar un club cristiano en una universidad. El oró para que la administración cambiara su posición; pero en vez de eso, Dios cambió a la administración. Cuando el joven regresó al año siguiente había un nuevo plantel administrativo en la universidad. Se le dio el permiso al comienzo del año, y en unos pocos meses 27 personas asistían ya y los alumnos estaban conociendo a Jesús.

El punto es este: de una manera o de otra, nuestro creativo Dios tiene un camino para ayudarte a establecer un ministerio eficaz en tu universidad.

Si te gustara recibir mayor información sobre cómo comenzar en tu región un ministerio juvenil universitario, escribe o ponte en contacto con tu director juvenil nacional.

Cómo formar una estrategia para un ministerio juvenil universitario

GRUPOS PEQUEÑOS

Con los miembros de tu grupo discute lo siguiente:

1. ¿Cómo puedes ser un testigo para Cristo en la universidad?

2. En una hoja de papel, escribe todos los cristianos que están en tu universidad con los que podrías contar para trabajar en alcanzar a tu centro académico para Cristo.

3. Ora que Dios abra las puertas para que establezcas un ministerio universitario eficaz de manera que tu universidad sea ganada para Cristo.

TIEMPO DE ORACION

Tengan un tiempo espontáneo de oración intercesora. No tome pedidos de oración.

Líder: Recoge ahora la ofrenda misionera.

Tareas que completar antes de la Sesión 9

Presenta a Cristo a un inconverso. Usa todos los pasos que has aprendido en EXCELENCIA: los pasos para encontrar el terreno en común, la oración de transición, tu testimonio personal, la presentación del evangelio, el pedido de un compromiso, la oración por el perdón, los versículos sobre la seguridad, el inicio del seguimiento.

Continúa trabajando en la "Lista de evangelismo personal para mi clase" (Hoja de ejercicio 6).

Usa el "Cuadro de lectura de la Biblia (Hoja de ejercicio 8) para marcar los capítulos que has leído.

Completa cada día el "Diario de lectura de la Biblia" (Hoja de ejercicio 1).

Continúa conociendo y testificando a personas no-cristianas y usa el "Registro de evangelismo de 4 semanas" (Hoja de ejercicio 3).

Revisa cada día el "Informe de progeso diario" (Hoja de ejercicio 4).

Ora cada día por lo menos 15 minutos y usa "Mi lista de oración" (Hoja de ejercicio 2) y registra las respuestas a la oración.

Repasa cada día los siguientes versículos: Recuerda que debes poder citar todos los versículos palabra por palabra antes de terminar este curso. Cita estos versículos a un líder cuando estés listo y obtén su firma.

2 Timoteo 2:15
Josué 1:8
Salmo 119:9, 11
1 Pedro 3:15
Romanos 3:23
Romanos 6:23
Juan 3:16, 17
Juan 10:10
Romanos 5:8
1 Juan 1:9
Romanos10:9, 10
Romanos 10:13
Apocalipsis 3:20
Juan 1:12
1 Juan 5:11-13
Tito 3:5
Efesios 2:8

EXCELENCIA EXCELENCIA 9

SESION

Los objetivos de esta semana

Sobresaliendo en los fundamentos
del discipulado a otros

Tareas que completar antes de la Sesión 10

SESION NUEVE

Los objetivos de esta semana

Esta semana los alumnos aprenderá lo siguiente:

- La importancia y posibilidad de discipular a otros.

- Que ser un discípulo es posible cuando hay compromiso.

Actividad
20 minutos

GRUPOS PEQUEÑOS

Comparte parte de la hoja de tu "Diario de lectura de la Biblia" de esta semana.

Comparte las respuestas a la oración.

Comparte los resultados del "Plan de evangelismo de 4 semanas" y la "Lista de evangelismo personal para mi clase". Usa el "Camino a la salvación" para evaluar a algunos de los inconversos con quienes has entablado amistad y determina dónde están en el camino a la salvación.

Comparte los resultados de tu presentación del evangelio a un inconverso.

Haz que alguien revise tu trabajo y firme tu "Registro de trabajos terminados".

- Citó los restantes versículos para memorización.

- Usó cada día el "Cuadro de lectura de la Biblia".

- Completó cada día el "Diario de lectura de la Biblia".

- Usó cada día el "Reporte de progreso diario".

- Oró cada día por lo menos 15 minutos y usó "Mi lista de oración".

- Repasó todos los días los versículos para memorizar.

Actividad
15 minutos

Tiempo pasado:
20 minutos

GRUPOS PEQUEÑOS

Usando 2 Pedro 1:3-11 como guía:

- Comparte con los miembros de tu grupo los aspectos en los que crees que has crecido en los últimos dos meses. Por qué.

- Comparte los aspectos en los que te gustaría crecer. Por qué.

Sobresaliendo en los fundamentos del discipulado a otros

A través de este curso has aprendido cómo sobresalir en los fundamentos de la lectura bíblica, la oración, la memorización de las Escrituras, el testimonio, y ahora el reino de Dios necesita que sobresalgas en multiplicar tu fe en los demás.

El proceso del discipulado y la multiplicación.

Supongamos que una persona, llena del poder del Espíritu Santo, gana a otras dos para Jesús. Durante los siguientes 6 meses, esa persona discipula a los dos nuevos creyentes en los fundamentos del discipulado. Se les enseña además el proceso de la multiplicación. También durante esos 6 meses, los tres ganan a dos personas más cada uno para Cristo y comienzan a discipularlos en los fundamentos durante los siguientes 6 meses. El proceso continúa por 10 años y medio.

A continuación, está un cuadro del tipo de potencial que tenemos si llevamos a cabo el mandamiento de hacer discípulos:

1 persona	2	3	6 meses
3	6	9	1 año
9	18	27	1 año y medio
27	54	81	2 años
81	162	243	2 años y medio
243	486	729	3 años
729	1458	2187	3 años y medio
2187	4374	6561	4 años
6561	13122	19683	4 años y medio
19683	39366	59049	5 años
59049	118098	177147	5 años y medio
177147	354294	531441	6 años
531441	1062882	1594323	6 años y medio
1594323	3188646	4782969	7 años
4782969	9565938	14348907	7 años y medio
14348907	28697814	43046721	8 años
43046721	86093442	129140163	8 años y medio
129140163	258280326	387420489	9 años
387420489	774840978	1162261467	9 años y medio
1162261467	2324522934	3486784401	10 años
3.486.784.401	6.973.568.802	10.460.353.203	10 años y medio

DISCUSION EN GRUPO PEQUEÑO SOBRE EL DISCIPULADO

El concepto del discipulado ha estado presente por mucho tiempo, y hay muchas diferentes ideas de lo que es el discipulado y de lo que los discípulos hacen.

En tu grupo pequeño haz la siguiente tarea:

- Lean juntos los versículos.

- Lean las preguntas en cada pasaje y discútanlas.

- Estén listos a compartir como grupo con toda la clase sus respuestas a cada pasaje.

Líder: Ten con toda la clase un tiempo de discusión de unos cinco minutos sobre cada pasaje. Si lo prefieres, puedes deshacer los grupos para completar todas las preguntas, y luego dirigir la discusión.

"Venid en pos de mí, y os haré pescadores de hombres" (Mateo 4:19).

¿Qué significa para ti este versículo? _____

_____

¿Por qué Jesús dijo: "Venid en pos de mí"? _____

_____

¿Por qué Jesús no dijo: "Les mostraré cómo ser pescadores de hombres"?

_____

_____

_____

"Por tanto, id, y haced discípulos a todas las naciones, bautizándolos en el nombre del Padre, y del Hijo, y del Espíritu Santo; enseñándoles que guarden todas las cosas que os he mandado; y he aquí yo estoy con vosotros todos los días, hasta el fin del mundo. Amén" (Mateo 28:19, 20).

¿Qué significa para ti este pasaje? _____

_____

_____

¿Por qué los cristianos no obedecen este pasaje? _____

_____

_____

¿Por qué los cristianos temen testificar siendo que Jesús dijo: "Y he aquí yo estoy con vosotros todos los días, hasta el fin mundo"? _____

_____

_____

> Efesios 4:11 Y él mismo constituyó a unos, apóstoles; a otros, profetas; a otros, evangelistas; a otros, pastores y maestros, 12 a fin de perfeccionar a los santos para la obra del ministerio, para la edificación del cuerpo de Cristo, 13 hasta que todos lleguemos a la unidad de la fe y del conocimiento del Hijo de Dios, a un varón perfecto, a la medida de la estatura de la plenitud de Cristo; 14 para que ya no seamos niños fluctuantes, llevados por doquiera de todo viento de doctrina, por estratagema de hombres que para engañar emplean con astucia las artimañas del error, 15 sino que siguiendo la verdad en amor, crezcamos en todo en aquel que es la cabeza, esto es, Cristo, 16 de quien todo el cuerpo, bien concertado y unido entre sí por todas las coyunturas que se ayudan mutuamente, según la actividad propia de cada miembro, recibe su crecimiento para ir edificándose en amor.

De este pasaje, cita las razones de que necesitamos ser discipulados.

_____

_____

_____

_____

_____

> "Lo que has oído de mí ante muchos testigos, esto encarga a hombres fieles que sean idóneos para enseñar también a otros" (2 Timoteo 2:2).

¿Qué tipo de personas hacen buenos discípulos? _____

_____

> 2 Corintios 5:17 De modo que si alguno está en Cristo, nueva criatura es; las cosas viejas pasaron; he aquí todas son hechas nuevas. 18 Y todo esto proviene de Dios, quien nos reconcilió consigo mismo por Cristo, y nos dio el ministerio de la reconciliación; 19 que Dios estaba en Cristo reconciliando consigo al mundo, no tomándoles en cuenta a los hombres sus pecados, y nos encargó a nosotros la palabra de la reconciliación. 20 Así que, somos embajadores en nombre de Cristo, como si Dios rogase por medio de nosotros; os rogamos en nombre de Cristo: Reconciliaos con Dios.

¿De dónde provienen los discípulos? _____

_____

¿Quiénes son discípulos? _____

_____

¿A qué están comprometidos los discípulos? _____

_____

> Lucas 10:1 Después de estas cosas, designó el Señor también a otros setenta, a quienes envió de dos en dos delante de él a toda ciudad y lugar a donde él había de ir. 2 Y les decía: La mies a la verdad es mucha, mas lo obreros pocos; por tanto, rogad al Señor de la mies que envíe obreros a su mies.

¿Por qué cosa dijo Jesús que debemos orar? ¿Por qué?

_____

_____

_____

¿Por qué no hay suficientes obreros? _____

_____

¿Qué impide a los discípulos dedicados ser obreros en el campo de cosecha?

_____

_____

_____

Actividad
20 minutos

Tiempo pasado:
1:10

GRUPOS PEQUEÑOS

Da a los grupos las siguientes instrucciones:

"Tomen unos pocos minutos para escribir en sus propias palabras cuál es su compromiso con Cristo. Descríbanle qué tipo de discípulo van a ser para El."

Después que tu grupo termine de escribir, comparte tus respuestas con los demás. Después que cada uno haya leído su compromiso, impongan sus manos sobre él y oren por él. Luego que comparta la siguiente persona.

_____

_____

_____

_____

_____

_____

_____

_____

_____

Actividad para terminar
10 minutos

Tiempo pasado:
1:30

TIEMPO DE ORACION

Oren unos con otros sobre el compromiso de ser un discípulo y seguidor de Jesús.

Oren el pedido de oración de Jesús: "Y les decía: La mies a la verdad es mucha, mas los obreros pocos; por tanto, rogad al Señor de la mies que envíe obreros a su mies" (Lucas 10:2).

Líder: Recoge la ofrenda misionera.

Tareas que completar antes de la Sesión 10

Nota importante: Nuestra siguiente sesión durará por lo menos 3 horas. Mantente orando por la siguiente sesión; ven confiado de que Dios hará algo grande. El grupo se reunirá en _____

Presenta a Cristo a un inconverso.

Usa el "Cuadro de lectura de la Biblia (Hoja de ejercicio 8) para marcar los capítulos que has leído.

Completa cada día el "Diario de lectura de la Biblia" (Hoja de ejercicios 1).

Revisa cada día el "Informe de progreso diario" (Hoja de ejercicio 4).

Ora por lo menos 15 minutos cada día y usa "Mi lista de oración" (Hoja de ejercicio 2) y registra las respuestas a la oración.

Repasa cada día los versículos para memorización y cítalos a un compañero o líder.

Comienza a desarrollar tu estrategia para alcanzar tu campo o centro de trabajo.

S
E
S
I
O
N

Los objetivos de esta semana

Repaso

El poder para ser un testigo y discipulador

¿Quién es el Espíritu Santo?

El Espíritu Santo fue prometido por Jesús

¿Cómo recibo el bautismo en el Espíritu Santo?

Oración por poder

¡Es tu turno!

SESION DIEZ

Los objetivos de esta semana

Esta semana los alumnos aprenderán lo siguiente:

- Quién es el Espíritu Santo y cómo El obra en nuestra vida y a través de ella.

- Cuál es la promesa del Padre a nuestra vida individualmente.

- Cómo ser lleno con el Espíritu Santo.

- Cómo ser utilizado por el Espíritu Santo para tocar al mundo.

- Qué hacer después que terminen las clases de *EXCELENCIA*.

Actividad
20 minutos

GRUPOS PEQUEÑOS

Comparte parte de la hoja de tu "Diario de lectura de la Biblia" de esta semana.

Comparte las respuestas a la oración.

Comparte los resultados de tu presentación del evangelio a un inconverso.

Haz que alguien revise tu trabajo y firme tu "Registro de trabajos terminados".

- Repasó cada día los versículos de memorización.

- Citó todos los versículos de memorización.

- Usó cada día el "Cuadro de lectura de la Biblia".

- Completó cada día el "Diario de lectura de la Biblia".

- Usó cada día el "Informe de progreso diario".

- Oró cada día por lo menos 15 minutos y usó "Mi lista de oración".

- Comenzó a desarrollar una estrategia para alcanzar a la universidad o al centro de trabajo.

¿Qué te ha gustado de este curso de discipulado y cómo te ha ayudado en tu caminar cristiano?

¿En qué áreas básicas del discipulado has sobresalido?

Repaso

La clave para la clase de discipulado de EXCELENCIA es que cada persona haga un compromiso personal para desarrollar la excelencia en los fundamentos del discipulado. Otras personas te han inspirado para "aceptar el desafío". Esta sesión concluye con la clase de discipulado, pero el discipulado nunca termina. Es un proceso que dura toda la vida.

Aunque con honores te gradúes de este curso, no significa que ya dominas los fundamentos sino hasta que sobresalgas en ellos constantemente en tu vida diaria. Los fundamentos que has aprendido nunca pueden pasar de moda para ti y deben ser mantenidos frescos y vivos en tu vida. Estos pueden hacer de ti un cristiano muy eficaz y productivo.

> 2 Pedro 1:3 Como todas las cosas que pertenecen a la vida y a la piedad nos han sido dadas por su divino poder, mediante el conocimiento de aquel que nos llamó por su gloria y excelencia, 4 por medio de las cuales nos ha dado preciosas y grandísimas promesas, para que por ellas llegaseis a ser participantes de la naturaleza divina, habiendo huido de la corrupción que hay en el mundo a causa de la concupiscencia; 5 vosotros también, poniendo toda diligencia por esto mismo, añadid a vuestra fe virtud; a la virtud, conocimiento; 6 al conocimiento, dominio propio; al dominio propio, paciencia; a la paciencia, piedad; 7 a la piedad, afecto fraternal; al afecto fraternal, amor. 8 Porque si estas cosas están en vosotros, y abundan, no os dejarán estar ociosos ni sin fruto en cuanto al conocimiento de nuestro Señor Jesucristo. 9 Pero el que no tiene estas cosas tiene la vista muy corta; es ciego, habiendo olvidado la purificación de sus antiguos pecados. 10 Por lo cual, hermanos, tanto más procurad hacer firme vuestra vocación y elección; porque haciendo estas cosas, no caeréis jamás. 11 Porque de esta manera os será otorgada amplia y generosa entrada en el reino eterno de nuestro Señor y Salvador Jesucristo.

El poder para ser un testigo y discipulador

En el momento en que aceptamos a Cristo como nuestro Salvador nacemos del Espíritu. El Espíritu Santo viene y habita en nosotros. Pero El desea hacer más que sólo habitar en nosotros. El desea llenarnos. La Biblia nos enseña que esta es una experiencia definida que sigue a la salvación. Esta experiencia es a veces llamada el bautismo en el Espíritu Santo. Cuando los creyentes reciben el bautismo en el Espíritu Santo, hablan en una lengua desconocida de la manera que el Espíritu Santo les impulsa a hacerlo. El bautismo no es el fin sino sólo el comienzo de la vida llena del Espíritu, una vida de poder. Jesús dio a sus discípulos algunos mandamientos y poderosas promesas antes de ascender al cielo. Muchas de estas promesas tratan del poder del Espíritu Santo que podría vivir y mover a través de ellos. En Hechos 1:8 Jesús dijo:

> "Pero recibiréis poder, cuando haya venido sobre vosotros el Espíritu Santo, y me seréis testigos en Jerusalén, en toda Judea, en Samaria, y hasta lo último de la tierra".

Jesús dijo que podíamos tener el "poder para ser testigos". Este poder no es solamente para testificar. Este poder nos ayuda a ser testigos. El poder del Espíritu Santo en nuestra vida nos ayuda a vivir en el poder y carácter de una vida como la de Cristo. Nuestro testimonio con palabras no vale nada si nuestra vida no respalda lo que decimos.

¿Quién es el Espíritu Santo?

A. El Espíritu Santo es la tercera Persona de la Trinidad. Dios se ha revelado a nosotros en tres Personas: el Padre, el Hijo, y el Espíritu Santo. Nosotros llamamos a Dios en sus tres Personas la Trinidad. Dios vino a nosotros en Jesús (el Hijo). Nosotros venimos a Dios a través de Jesús. Como venimos a Dios a través de Jesús, Dios vive en nosotros por medio de su Espíritu Santo—una persona real.

   1. Nombres del Espíritu

      a. Espíritu de Dios (Efesios 4:30)

      b. Espíritu de Cristo (Romanos 8:9)

      c. Espíritu de vida (Romanos 8:2)

      d. Espíritu de adopción (Romanos 8:15)

      e. Espíritu de santidad (Romanos 1:4)

   2. Símbolos del Espíritu Santo

      a. Fuego (Hechos 2:3)

      b. Viento o aliento (Job 33:4)

      c. Aceite—usado para ungir a los reyes (Lucas 4:18)

B. El Espíritu Santo es un consolador y un maestro.

> "Mas el Consolador, el Espíritu Santo, a quien el Padre enviará en mi nombre, él os enseñará todas las cosas, y os recordará todo lo que yo os he dicho" (Juan 14:26).

   1. El Espíritu Santo es un consolador.

      a. El es un consolador, "abogado".

      b. El nos alienta para tener la esperanza de que venceremos.

      c. El nos aconseja.

d. El nos advierte de las artimañas del diablo.

2. El Espíritu Santo es un maestro.

    a. El ilumina la Palabra.

    b. El interpreta la Palabra para nosotros.

    c. El nos ayuda a entender la Palabra.

    d. El nos ayuda a vivirla.

C. El Espíritu Santo es un líder y guía a la verdad.

"Pero cuando venga el Espíritu de verdad, él os guiará a toda la verdad; porque no hablará por su propia cuenta, sino que hablará todo lo que oyere, y os hará saber las cosas que habrán de venir" (Juan 16:13).

1. El habla a las personas sensibles que escuchan.

2. El nos aleja de vivir para nosotros mismos que es la antigua naturaleza.

D. El Espíritu Santo nos convence de pecado.

"Pero yo os digo la verdad: Os conviene que yo me vaya; porque si no me fuese, el Consolador no vendría a vosotros; mas si me fuere, os lo enviaré. Y cuando él venga, convencerá al mundo de pecado, de justicia y de juicio" (Juan 16:7, 8).

E. El Espíritu Santo realiza nuestra adopción como hijos de Dios.

"Pues no habéis recibido el espíritu de esclavitud para estar otra vez en temor, sino que habéis recibido el espíritu de adopción, por el cual clamamos: ¡Abba, Padre!" (Romanos 8:15).

1. Nos permite venir con confianza ante el trono de gracia.

2. Nos ayuda a vencer las ataduras que el pecado tiene sobre nosotros que nos impiden ejercitar los privilegios de ser hijos de Dios.

F. El Espíritu Santo nos ayuda en nuestras debilidades e inspira la oración.

"Y de igual manera el Espíritu nos ayuda en nuestra debilidad; pues qué hemos de pedir como conviene, no lo sabemos, pero el Espíritu mismo intercede por nosotros con gemidos indecibles. Mas el que escudriña los corazones sabe cuál es la intención del Espíritu, porque conforme a la voluntad de Dios intercede por los santos" (Romanos 8:26, 27).

Actividad
10 minutos

Tiempo pasado:
45 minutos

1. El intercede por nosotros—ora por nosotros.

2. Habrían menos cristianos débiles y frustrados si permitieran que el Espíritu Santo los guiara, ungiera, consolara, aconsejara, y les diera sabiduría.

G. El Espíritu Santo vive en nosotros.

"¿O ignoráis que vuestro cuerpo es templo del Espíritu Santo, el cual está en vosotros, el cual tenéis de Dios, y que no sois vuestros?" (1 Corintios 6:19).

El Espíritu Santo fue prometido por Jesús

A. Yo les enviaré el Consolador.

"Mas el Consolador, el Espíritu Santo, a quien el Padre enviará en mi nombre, él os enseñará todas las cosas, y os recordará todo lo que yo os he dicho" (Juan 14:26).

"Pero cuando venga el Consolador, a quien yo os enviaré del Padre, el Espíritu de verdad, el cual procede del Padre, él dará testimonio acerca de mí" (Juan 15:26).

"Pero yo os digo la verdad: Os conviene que yo me vaya; porque si no me fuese, el Consolador no vendría a vosotros; mas si me fuere, os lo enviaré" (Juan 16:7).

1. Los discípulos fueron animados con esta promesa.

2. Era necesario que El partiera primero.

3. El Espíritu Santo no solamente estaría con ellos sino "en" ellos para siempre.

B. Después de la muerte y resurrección de Jesús, El se apareció a ellos y les dio mandamientos y promesas sobre el bautismo del Espíritu Santo.

GRUPOS PEQUEÑOS

Responde a las siguientes preguntas sobre el Espíritu Santo.

Según lo que dijo Jesús, ¿qué ocurriría cuando sus seguidores recibieran la promesa del Padre?

Lucas 24:48, 49 _____

_____

_____

¿Qué ocurriría en la vida de aquellos que reciben el Espíritu Santo?

Marcos 16:15-20 _____

_____

_____

¿Qué dijo Jesús que sus discípulos debían hacer para recibir el Espíritu Santo? ¿Y qué hicieron ellos?

Lucas 24:48-53; Hechos 1:4-14 _____

_____

_____

_____

C. El día de Pentecostés—la promesa es cumplida.

En tu grupo, lean en voz alta los siguientes versículos seleccionados de Hechos 2.

Hechos 2:1 Cuando llegó el día de Pentecostés, estaban todos unánimes juntos. 2 Y de repente vino del cielo un estruendo como de un viento recio que soplaba, el cual llenó toda la casa donde estaban sentados; 3 y se les aparecieron lenguas repartidas, como de fuego, asentándose sobre cada uno de ellos. 4 Y fueron todos llenos del Espíritu Santo, y comenzaron a hablar en otras lenguas, según el Espíritu les daba que hablasen. 5 Moraban entonces en Jerusalén judíos, varones piadosos, de todas las naciones bajo el cielo. 6 Y hecho este estruendo, se juntó la multitud; y estaban confusos, porque cada uno les oía hablar en su propia lengua. 7 Y estaban atónitos y maravillados, diciendo: Mirad, ¿no son galileos todos estos que hablan? 8 ¿Cómo pues, les oímos nosotros hablar cada uno en nuestra lengua en la que hemos nacido? 9 Partos, medos, elamitas, y los que habitamos en Mesopotamia, en Judea, en Capadocia, en el Ponto y en Asia, 10 en Frigia y Panfilia, en Egipto y en las regiones de Africa más allá de Cirene, y romanos aquí residentes, tanto judíos como prosélitos, 11 cretenses y árabes, les oímos hablar en nuestras lenguas las maravillas de Dios. 12 Y estaban todos atónitos y perplejos, diciéndose unos a otros: ¿Qué quiere decir todo esto? 13 Mas otros, burlándose, decían: Están llenos de mosto. 14 Entonces Pedro, poniéndose en pie con los once, alzó la voz y les habló diciendo: Varones judíos, y todos los que habitáis en Jerusalén, esto os sea notorio, y oíd mis palabras. 15 Porque éstos no están ebrios, como vosotros suponéis, puesto que es la hora tercera del día. 16 Mas esto es lo dicho por el profeta Joel: 17 Y en los postreros días, dice Dios, derramaré de mi Espíritu sobre toda carne, y vuestros hijos y vuestras hijas profetizarán; vuestros jóvenes verán visiones, y vuestros ancianos soñarán sueños; 18 y de cierto sobre mis siervos y sobre mis siervas en aquellos días derramaré de mi Espíritu, y profetizarán. 19 Y daré prodigios arriba en el cielo, y señales abajo en la tierra, sangre y fuego y vapor de humo; 20 el sol se convertirá en tinieblas, y la luna en sangre, antes que venga el día del Señor, grande y manifiesto; 21 y todo aquel que invocare el nombre del Señor, será salvo. 22 Varones israelitas, oíd estas palabras: Jesús nazareno, varón aprobado por Dios entre vosotros con las maravillas, prodigios y señales que Dios hizo entre vosotros por medio de él, como vosotros mismos sabéis; 23 a éste, entregado por el determinado consejo y anticipado conocimiento de Dios, prendisteis y matasteis por manos de inicuos, crucificándole; 24 al cual Dios levantó, sueltos los dolores de la muerte, por cuanto era imposible que fuese retenido por ella.

32 A éste Jesús resucitó Dios, de lo cual todos nosotros somos testigos. 33 Así que, exaltado por la diestra de Dios, y habiendo recibido del Padre la promesa del Espíritu Santo, ha derramado esto que vosotros veis y oís.

36 Sepa, pues, ciertísimamente toda la casa de Israel, que a este Jesús a quien vosotros crucificasteis, Dios le ha hecho Señor y Cristo. 37 Al oir esto, se compungieron de corazón, y dijeron a Pedro

y a los otros apóstoles: Varones hermanos, ¿qué haremos? 38 Pedro les dijo: Arrepentíos, y bautícese cada uno de vosotros en el nombre de Jesucristo para perdón de los pecados; y recibiréis el don del Espíritu Santo. 39 Porque para vosotros es la promesa, y para vuestros hijos, y para todos los que están lejos; para cuantos el Señor nuestro Dios llamare. 40 Y con otras muchas palabras testificaba y les exhortaba, diciendo: Sed salvos de esta perversa generación. 41 Así que, los que recibieron su palabra fueron bautizados; y se añadieron aquel día como tres mil personas. 42 Y perseveraban en la doctrina de los apóstoles, en la comunión unos con otros, en el partimiento del pan y en las oraciones. 43 Y sobrevino temor a toda persona; y muchas maravillas y señales eran hechas por los apóstoles. 44 Todos los que habían creído estaban juntos, y tenían en común todas las cosas; 45 y vendían sus propiedades y sus bienes, y lo repartían a todos según la necesidad de cada uno. 46 Y perseverando unánimes cada día en el templo, y partiendo el pan en las casas, comían juntos con alegría y sencillez de corazón, 47 alabando a Dios, y teniendo favor con todo el pueblo. Y el Señor añadía cada día a la iglesia los que habían de ser salvos.

D. El Espíritu está aquí para ti ahora.

Actividad
15 minutos

Tiempo pasado:
1:05

GRUPOS PEQUEÑOS

1. Lee Hechos 1:8; 4:8, 31. ¿Qué efecto inmediato tuvo el bautismo en el Espíritu Santo sobre los discípulos?

   _____

   _____

   _____

   _____

2. Lee Hechos 8:14-17. Felipe fue a Samaria y les predicó a Cristo. Muchos creyeron y fueron salvos pero no fueron llenos del Espíritu.

3. Ahora lee Hechos 19:1-7. En Efeso Pablo encontró a algunos discípulos que eran creyentes pero aún no estaban llenos del Espíritu Santo. De estos versículos, ¿cuál es tu conclusión sobre el tiempo en que un cristiano es lleno con el Espíritu Santo? (¿El bautismo en el Espíritu Santo viene a nosotros cuando ocurre la salvación o después de ella?)

   _____

   _____

   _____

   _____

4. Lee Hechos 2:38, 39. ¿Quién puede recibir el bautismo en el Espíritu Santo?

   _____

   _____

   _____

5. Hechos 5:32 y Gálatas 3:14. ¿Cuáles son las dos condiciones (requisitos) para ser llenos con el Espíritu Santo?

_____

_____

_____

6. Lee Hechos 2:4 de nuevo. También lee Hechos 8:17-19; 10:45, 46; y 19:6. Cuando la Biblia cuenta de personas que son llenas del Espíritu Santo, no siempre menciona el comienzo de evidencias físicas. Pero cuando describe esas evidencias, ¿cuál está siempre presente?

_____

7. Lee Lucas 3:16. ¿Quién nos bautiza en el Espíritu Santo?

E. Hablar en lenguas

Las últimas preguntas subrayaron la importancia de ser llenos del Espíritu Santo. Notamos que la evidencia física inicial (primera) del bautismo en el Espíritu Santo es hablar en otras lenguas. Es decir, cuando los creyentes son llenos con el Espíritu Santo, comienzan a hablar en lenguas que no conocen conforme el Espíritu Santo los impulsa o les da la expresión. Ahora observemos la interesante obra del Espíritu Santo que nosotros llamamos hablar en lenguas.

Actividad
15 minutos

Tiempo pasado:
1:20

GRUPOS PEQUEÑOS

1. ¿Cómo sabemos que hemos sido bautizados en el Espíritu Santo?

   Has leído Hechos 2:1-4. Ahora lee Hechos 10:44-48. A medida que Pedro predicaba el evangelio a Cornelio y su casa, ellos fueron convertidos y también bautizados en el Espíritu Santo. ¿Cómo supo Pedro que fueron llenos con el Espíritu Santo?

   _____

   _____

   _____

2. Tres funciones de hablar en otras lenguas conforme el Espíritu nos da las palabras que decir.

   De lo que se acaba de decir y de las Escrituras que has leído, ¿cuál es la primera función o propósito de hablar en lenguas?

   _____

   _____

Lee 1 Corintios 14:2, 14, 15 y Romanos 8:26, 27. Según estos pasajes de las Escrituras, ¿cuál es la segunda función o propósito de hablar en otras lenguas?

_____

_____

_____

Lee 1 Corintios 14:5-13. Este pasaje de las Escrituras habla sobre hablar en lenguas públicamente en la iglesia. Esta es la tercera función o propósito de hablar en otras lenguas. ¿Cuál es?

_____

_____

_____

3. Lee 1 Corintios 13. El versículo 8 y 10 enseñan que hablar en otras lenguas cesarán cuando "venga lo perfecto". ¿Cuándo es esto?

_____

_____

_____

Tiempo de enseñanza 15 minutos

Tiempo pasado: 1:35

(Diapositiva 13)

¿Cómo recibo el bautismo en el Espíritu Santo?

A. Debo cooperar con el Espíritu Santo.

1. Debo desear el bautismo en el Espíritu Santo.

2. Debo tener una vida separada o consagrada al Señor.

3. Debo ser persistente en una mayor búsqueda privada o personal de Dios; no debo darme por vencido.

B. No debo buscar el don de lenguas; más bien debo buscar a Jesús, el dador de las lenguas.

C. No debo temer.

1. Debo ceder mi lengua, labios, y boca.

2. No puedo hablar en dos lenguas al mismo tiempo. No puedo hablar en mi lengua materna y hablar en lenguas al mismo tiempo.

3. No pasaré por un ritual de decir palabras en español más y más rápido.

4. No repetiré palabras o sílabas que alguien trata de darme. Es el Espíritu quien da la expresión de las lenguas.

D. Debo PEDIR—RECIBIR—CREER.

"Pues si vosotros, siendo malos, sabéis dar buenas dádivas a vuestros hijos, ¿cuánto más vuestro Padre celestial dará el Espíritu Santo a los que se lo pidan?" (Lucas 11:13).

Tiempo de oración
30 minutos o más

Tiempo pasado:
1:50

Oración por poder

Líder: Ten un lugar designado en donde aquellos que desean ser bautizados en el Espíritu Santo pueden ir a pararse. Si están en el santuario de una iglesia, usa el área del altar. Haz que aquellos que han sido bautizados en el Espíritu Santo vengan y se paren detrás de aquellos que desean ser bautizados. Que tus líderes se paren delante de aquellos que han pasado adelante listos para imponer sus manos, orar, e instruirlos.

Ponte de pie si deseas recibir el bautismo en el Espíritu Santo.

Esta es una simple oración que puedes hacer:

Jesús, yo sé que eres el Bautizador. Límpiame de cualquier pecado, y dame la confianza de que soy nacido de nuevo. Me acerco a ti ahora para recibir el bautismo del Espíritu Santo. Creo que cuando oremos lo recibiré y ya te lo agradezco. Jesús, quiero ser lleno con el Espíritu Santo. Bautízame con tu Espíritu Santo.

Tiempo de oración
30 minutos o más

Tiempo pasado:
2:20 o más

Tengan un tiempo de oración intercesora.

Comisión
10 minutos

Tiempo pasado:
2:50 o más

¡Es tu turno!

Estás a punto de terminar el curso de discipulado EXCELENCIA, pero esto es sólo el comienzo. Has sobresalido en los fundamentos si estás practicando los fundamentos en tu vida con compromiso. Para ahora probablemente sabes que el discipulado no es solamente una clase, sino que es un proceso sin fin de Dios que se mueve en nuestra vida y a través de ella.

Así como Jesús envió a sus discípulos con las buenas nuevas y con poder, nos gustaría enviarte para hacer discípulos.

"Entonces Jesús les dijo otra vez: Paz a vosotros. Como me envió el Padre, así también yo os envío" (Juan 20:21).

"Y les dijo: Id por todo el mundo y predicad el evangelio a toda criatura" (Marcos 16:15-20).

"Y Jesús se acercó y les habló diciendo: Toda potestad me es dada en el cielo y en la tierra. Por tanto, id, y haced discípulos a todas las naciones, bautizándolos en el nombre del Padre, y del Hijo y del Espíritu Santo; enseñándoles que guarden todas las cosas que os he mandado; y he aquí yo estoy con vosotros todos los días, hasta el fin del mundo" (Mateo 28:18-20).

Te pedimos que aceptes el desafío y obtengas la EXCELENCIA. Asume la responsabilidad personal de desarrollar la excelencia. Sobresale en los fundamentos: lectura bíblica, oración, memorización de las Escrituras, testimonio, y discipulado de otros.

Líder: Recoge la ofrenda misionera.

Actividad para terminar 10 minutos

Tiempo pasado: 3:00 o más

Dando el siguiente paso 5 minutos

Tiempo pasado: 3:10 o más

El discipulado es un proceso, no una clase, aunque has aprendido mucho en clase a través del programa de EXCELENCIA. Esperamos que te haya desafiado a ser un discípulo que sobresaldrá en los fundamentos y ganará a otros para Cristo, edificará a otros en Cristo, y enviará a otros en Cristo para alcanzar al mundo.

EXCELENCIA
EXCELENCIA

A

Apéndice A:
Cómo preparar tu testimonio personal

A P E N D I C E S

Apéndice A

Cómo preparar tu testimonio personal

Nuestras metas son específicas:

1. Dirigir a los individuos a una experiencia personal con Jesucristo y establecerlos en la fe a través del seguimiento.

2. Inspirar a todos los discípulos que participan a ocuparse más en el testimonio activo y el seguimiento.

3. Demostrar a toda la iglesia local la eficacia del testimonio personal para ganar almas e inspirarlos a perpetuar el concepto del testimonio y el seguimiento en equipo.

No podemos prometer que no tendrás nerviosismo de principiantes, pero creemos que podemos ayudar a prepararte para compartir tu fe con mayor audacia y confianza. Las páginas de testimonio deben ser usadas como guía al preparar *tu* testimonio personal. Una vez que tengas en mente exactamente lo que quieres decir, tendrás mucho más confianza al hablar. Estas páginas no están destinadas a limitarte, sino a ayudarte. Ellas te darán la oportunidad de esclarecer y solidificar tu testimonio personal.

La presentación del evangelio

Desarrolla una presentación para ganar almas con la cual estés cómodo, puesto que debes ser capaz de presentarte en una manera clara y concisa. Se debe entender el camino a la salvación. Memoriza tu bosquejo hasta que puedas darlo en el momento.

I. Bosquejo general de un testimonio personal

A. Antes: Un pequeño bosquejo de cómo fue tu vida antes de ser cristiano.

B. Cómo: Cómo, específicamente, diste el paso de hacerte en cristiano.

C. Después: Una descripción de los cambios en tu vida.

Este bosquejo general puede ser cubierto en una variedad de formatos. Los formatos "Cronológico" y "Repaso / retroceso" serán explicados más tarde en este artículo.

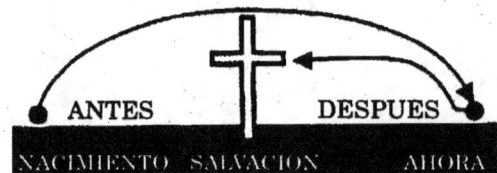

II. Normas para preparar el contenido específico

A. Haz que parezca una conversación. Prepáralo como para ser hablado. Evita declaraciones literarias tales como "Observé los arreboles del atardecer y reflexioné". Usa tu vocabulario informal.

B. Di "yo" en lugar de "tú". (Comparte, no prediques). Esto ayuda a mantener el testimonio cálido y personal. A la gente le gusta escuchar experiencias de otros contadas en la primera persona.

C. Evita palabras, frases, y terminologías religiosas.

PALABRAS RELIGIOSAS	POSIBLES SUBSTITUTOS
Creer	Invité a Cristo a entrar en mi vida a través de la oración
Pecado	Desobediencia, romper las leyes de Dios, volver mi espalda a Dios
Pasé adelante	Decidí volver mi vida a Dios
Bajo la sangre	Dios perdonó mis fracasos
Acepté a Cristo	Me convertí en cristiano
Salvo	Liberado de las consecuencias de la desobediencia
Cristiano	Verdadero cristiano, cristiano entregado

D. Generaliza, para que más personas puedan identificarse con tu historia. No nombres iglesias, denominaciones o grupos específicos. Evita usar fechas o edades. (Pobre: "Tenía 7 años de edad cuando me convertí en cristiano. Nos mudamos a la ciudad en 1986".)

E. Incluye el humor e interés humano. Cuando una persona se sonríe o se ríe, reduce la tensión. El humor desarma al oyente y aumenta su atención.

F. Una o dos ilustraciones aumentan el interés. No sólo digas: "Crecí en la granja de mis padres". Puedes describir brevemente la granja para que la persona que escucha pueda visualizarla.

G. En la etapa de "Antes", incluye los aspectos malos y buenos de tu vida. Ten al comienzo un montón de material interesante no-espiritual.

   1. Ejemplos de "buenos aspectos"—deseo de sobresalir, deseo de recibir educación, interés por los demás, trabajo duro.

   2. Ejemplos de "malos aspectos"—egoísmos, complejo de inferioridad, salir adelante a cualquier costo, temperamento, codicia.

H. En el "Cómo"—

   1. Comunica el evangelio clara y brevemente. Necesitas incluir:

      a. El hecho del pecado.

      b. La pena del pecado.

c. El pago de Cristo por el pecado.

d. Los requisitos para recibir la vida eterna.

2. Presenta a la Biblia como una autoridad.

a. Pobre: "Bill me dijo que yo había fracasado y que necesitaba el perdón."

b. Bueno: "Bill me dijo que la Biblia dice ..."

3. Usa la palabra orar al referirte a recibir a Cristo. La palabra orar comunica lo que la persona necesita hacer. (Bueno: "Oré y pedí a Cristo que perdonara mis pecados y me diera el don de la vida eterna".)

I. En el "Después" concluye rápidamente con dos o tres beneficios personales de convertirse en cristiano. (Estos pueden ser beneficios actuales). La última frase de tu testimonio debe ser algo como: "Pero el mayor beneficio es que ahora sé que tengo vida eterna". El oyente a menudo comenta acerca de lo último que dijiste en tu testimonio. Si el comentario del oyente es sobre la vida eterna, la puerta está abierta para presentarle el evangelio.

J. Evita las frases dogmáticas que las personas que dudan podrían cuestionar:

1. Pobre: "Oré y sé que Cristo entró."

2. Pobre: "Dios me ha dado un maravilloso esposo (o esposa y tres hijos)".

3. Bueno: "Oré y pedí a Cristo que me perdonara e hiciera una nueva persona. Desde entonces he experimentado paz ..."

K. Habla como un adulto, no como un jovencito. Expresa un punto de vista adulto, aunque te hayas convertido a una temprana edad.

1. Pobre: "Mi papá me ayudó a entender acerca de Jesús".

2. Bueno: "Tuve buenas conversaciones con mis padres. Un día papá y yo discutimos sobre quién es realmente Jesucristo".

L. Simplifica—reduce la confusión. Menciona sólo un número limitado de personas que conoces y cosas tales como reuniones y trabajos que has tenido. Usa sólo el primer nombre cuando sea posible.

1. Pobre: "Bill Smith, Thomas Van Burren, y su primo Ed Matthews vinieron por mi oficina en la compañía de plomería ..."

2. Bueno: "Un día Bill y otros dos hombres me hablaron en el trabajo ..."

3. Combina información, como: "Después de vivir en cinco estados y asistir a seis universidades, encontré mi primer trabajo de ingeniería."

III. La secuencia de tu preparación

A. Antes de comenzar a escribir, ora pidiendo la ayuda de Dios. Búscalo a El para obtener sabiduría e iluminación al trabajar en tu testimonio.

B. Reúne notas breves en tres hojas de papel por separado tituladas ANTES, COMO, Y DESPUES.

C. Escribe tu primer diseño, usando tus notas de las tres hojas de papel. (Normalmente tomará unos 5 minutos para leer). Aplica las pautas A-L.

D. Haz las mejoras en el diseño largo. (Tu pastor o tu líder de jóvenes puede ayudarte con esto).

E. Corta tu diseño hasta que lleve 2 1/2 a 3 minutos para leer.

F. Bosqueja tu presentación en una tarjeta índice. Aprende a dar tu testimonio usando sólo tu bosquejo.

G. Aprende a dar tu testimonio en 3 a 4 minutos sin el bosquejo.

IV. Dos formatos de testimonio

A. **Cronológico**   En este enfoque cuentas tu historia en secuencia cronológica. Puedes usar este formato—

1. Si te convertiste a una edad mayor.

2. Si tienes suficiente material interesante que compartir antes de tu conversión.

3. Si tu experiencia de conversión ocupa la mayor parte de tu testimonio a causa de la vitalidad y el impacto de cómo ocurrió, lo que pasó antes puede ser entonces relativamente corto.

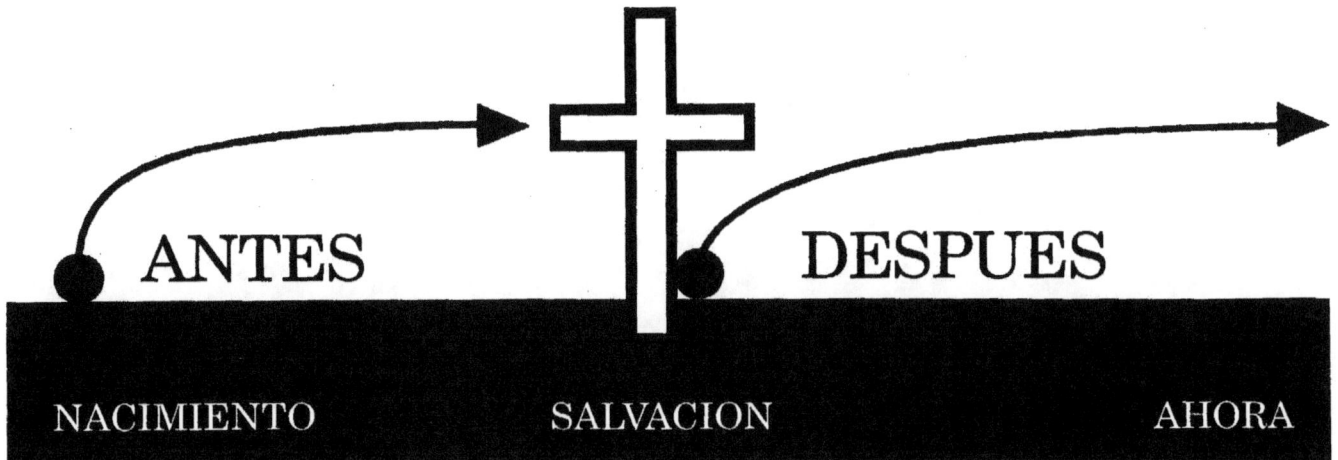

ANTES   DESPUES

NACIMIENTO   SALVACION   AHORA

B. **Repaso/Retroceso** En este enfoque (figura de abajo) estás dando un repaso de tu vida hasta el presente. Este repaso toma el lugar del "Antes" en tu testimonio. El retroceso a la dimensión espiritual de tu vida puede ir al "Cómo" o justo antes del cómo ocurrió tu conversión. Esto significa que parte del "Antes" puede terminar en tu retroceso. Puedes usar este formato—

1. Si viniste a Cristo a una temprana edad.

2. Si al principio tuviste una vida monótona, pero has tenido una vida adulta mucho más interesante.

3. Si tu "cómo ocurrió" es muy corto.

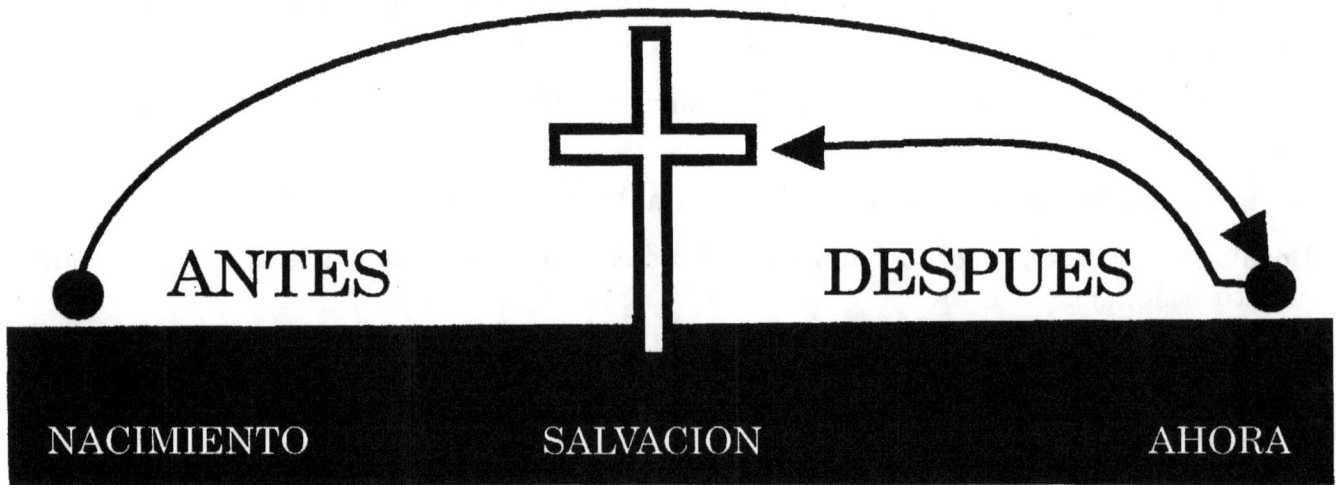

ANTES   DESPUES

NACIMIENTO   SALVACION   AHORA

Hoja de ejercicio para el testimonio personal
Primer diseño

Usa esta hoja de ejercicio para tu primer diseño. Pide a tu pastor o líder de jóvenes que te ayude con tu evaluación. Recuerda, sólo debe ser de 3 ó 4 minutos de duración.

_____

_____

_____

_____

_____

_____

_____

_____

_____

_____

_____

_____

_____

_____

_____

_____

_____

_____

_____

_____

_____

_____

_____

Hoja de ejercicio para el testimonio personal
Segundo diseño

Usa esta hoja de ejercicio para tu segundo diseño. Pide a tu pastor o líder de jóvenes que te ayude con tu evaluación. Recuerda, sólo debe ser de 3 ó 4 minutos de duración.

Hoja de ejercicio para el testimonio personal
Tercer diseño

Usa esta hoja de ejercicio para tu tercer diseño. Pide a tu pastor o líder de jóvenes que te ayude con tu evaluación. Recuerda, sólo debe ser de 3 ó 4 minutos de duración.

_____

_____

_____

_____

_____

_____

_____

_____

_____

_____

_____

_____

_____

_____

_____

_____

_____

_____

_____

_____

_____

_____

_____

_____

_____

Evaluación del diseño del testimonio

	PRIMER DISEÑO	SEGUNDO DISEÑO	TERCER DISEÑO
	❏ ¿Hay tres partes obvias? ❏ Antes ❏ Cómo ❏ Después	❏ ¿Tiene forma de conversación?	❏ ¿Son suaves las transiciones de una parte a otra?
ANTES	❏ ¿Hay un obvio soporte no-espiritual? (una tercera parte del material) ❏ ¿Adulto (no-juvenil)? Comentarios:	❏ ¿Es general (sin edades)? ❏ ¿Tiene ilustraciones? ❏ ¿Tiene interés humano (sentimientos, experiencias, buen éxito, humor)? ❏ Aspectos buenos y malos Comentarios:	Reduce la confusión: Comentarios:

COMO	❏ Cuatro puntos del evangelio:
	  ❏ Hechos sobre el pecado
	  ❏ Pena del pecado
	  ❏ Cristo pagó la pena
	  ❏ Debemos recibir a Cristo
	❏ No utiliza lenguaje religioso
	❏ ¿Adulto (no-juvenil)?
	Comentarios:
		❏ No utiliza lenguaje religioso
		❏ Autoridad de la Biblia
		❏ ¿Ora para recibir a Cristo?
		❏ Transición suave
		❏ ¿Usa "Yo" y no predica?
		❏ ¿Es general (sin edades)?
		Comentarios:
			Reduce la confusión:
			
			Comentarios:

DESPUES	❏ ¿Incluye beneficios personales? ❏ ¿Ultimo pensamiento relacionado con la vida eterna? Comentarios:	❏ No es dogmático Comentarios:	Reduce la confusión: Comentarios:
TIEMPO			

114

EXCELENCIA
EXCELENCIA
B

**Apendice B: Cómo desarrollar un plan
para ganar almas**

A P E N D I C E S

Cómo desarrollar un plan para ganar almas

Las personas que tienen buen éxito en ganar almas usan un bosquejo general en cada conversación con un inconverso, reconociendo que el Espíritu Santo puede a veces llevarlos a desviarse de este plan.

Puedes aprender un diálogo flexible para poder—

- Vencer el temor de no saber qué decir cuando tienes una oportunidad para testificar.

- Sentirte cómodo al presentar a Cristo y unir los puntos de separación con inconversos.

- Familiarizarte con tu propia voz en medio de las distracciones.

- Poder escuchar al Espíritu en vez de preocuparte de lo que vas a decir.

- Ayudar a la persona en su decisión.

La conversación debe ser controlada, pero sin discutir. Dejar un tratado o un testimonio general no es suficiente. Al conocer los pasos necesarios para la salvación sin farfullar o repetir, puedes prestar atención al Espíritu Santo en vez de buscar palabras que decir.

Las siguientes áreas deben ser parte de cada encuentro para ganar almas. Adáptalas para acomodarse a tu personalidad y situación en particular.

Establecer terreno en común

Es importante que establezcas un punto de referencia. Habla sobre deportes, un amigo mutuo, un suceso divertido, o un lugar geográfico. El "Plan de evangelismo de 4 semanas" te ayudará a establecer un terreno en común.

Debes preguntar de tal modo que haga a la persona pensar y responder. Debes estar sinceramente interesado en la respuesta. El terreno en común es un tiempo de recoger información y buscar oportunidades para estar de acuerdo. Recuerda, establecer una relación requiere que tú tomes la iniciativa.

En el espacio de abajo escribe varias preguntas que te ayudarán a establecer terreno en común.

1. _____

_____

_____

2. _____

_____

_____

3. _____

_____

_____

4. _____

_____

_____

5. _____

_____

_____

6. _____

_____

_____

Transición

Muchas personas establecen con buen éxito un terreno en común, pero fracasan cuando intentan compartir el evangelio debido a un pobre planeamiento. Busca las oportunidades para cambiar la conversación al tema de Jesucristo, usando una frase o giro de transición— la unión entre el terreno en común y la presentación del evangelio.

Usar frases transitivas también ayuda a dar una suave presentación del evangelio.

Piensa en términos de una conversación diaria, y vuélvela a una discusión sobre Dios y Jesucristo. Por ejemplo, cuando Jesús habló con la mujer en el pozo (Juan 4) él usó el tema del agua viva como una transición. La mujer estaba hablando sobre el agua del pozo mientras que Jesús le hablaba del agua viva.

Se puede preguntar a un jugador de básquetbol que gana en la cancha: "¿Estás ganando también en la vida?" Luego puedes explicar una parábola bíblica que se relaciona con eso.

Después de establecer un terreno en común puedes decir: "Podría tener 5 minutos contigo para compartir lo más importante en mi vida?"

Usa tu testimonio personal allí. Podrías decir: "Yo solía pensar que ...", o: "Yo me sentía de esa manera también, hasta que ...". Luego procede a dar tu testimonio. Después, pregunta si le puedes hacer un par de preguntas. Estas abrirán la puerta a la presentación del evangelio.

En el espacio de abajo, desarrolla frases o giros de transición.

1. _____

_____

_____

2. _____
   _____
   _____

3. _____
   _____
   _____

4. _____
   _____
   _____

5. _____
   _____
   _____

6. _____
   _____
   _____

La presentación del evangelio

Una presentación apropiada del evangelio debe incluir los siguientes elementos.

1. Lo que la Biblia dice sobre:

   - El hecho de que cada persona ha pecado y que el pecado tiene un castigo.

   - Que Dios pagó el castigo por el pecado por medio de la muerte de Jesucristo en la cruz.

   - La manera en que podemos recibir la salvación.

   - Los beneficios de la salvación que incluye vida abundante y eterna.

2. El poder de la oración:

   - Pedir a Jesús que entre en la vida de uno.

   - Pedir perdón por el pecado.

   - Pedir la ayuda de Dios.

   - Agradecer a Dios su amor y perdón.

3. La importancia del seguimiento:

   - Los nuevos creyentes necesitan la seguridad de que realmente son salvos. Muéstrales versículos sobre la seguridad.

- Los nuevos creyentes necesitan instrucciones sobre la lectura bíblica, la oración, y la asistencia a la iglesia.

Memoriza el bosquejo de arriba para usarlo eficazmente.

120

EXCELENCIA
E
EXCELENCIA

HOJAS DE EJERCICIOS

DIARIO DE LECTURA DE LA BIBLIA

DOMINGO FECHA _____ TODO LO QUE LEI EN LA BIBLIA HOY _____ VERSICULO QUE ME TOCO MAS _____

ESCRIBE EL VERSICULO _____

_____

DE QUE MANERA ME TOCO _____

_____

LUNES FECHA _____ TODO LO QUE LEI EN LA BIBLIA HOY _____ VERSICULO QUE ME TOCO MAS _____

ESCRIBE EL VERSICULO _____

_____

DE QUE MANERA ME TOCO _____

_____

MARTES FECHA _____ TODO LO QUE LEI EN LA BIBLIA HOY _____ VERSICULO QUE ME TOCO MAS _____

ESCRIBE EL VERSICULO _____

_____

DE QUE MANERA ME TOCO _____

_____

MIERCOLES FECHA _____ TODO LO QUE LEI EN LA BIBLIA HOY _____ VERSICULO QUE ME TOCO MAS _____

ESCRIBE EL VERSICULO _____

_____

DE QUE MANERA ME TOCO _____

_____

JUEVES FECHA _____ TODO LO QUE LEI EN LA BIBLIA HOY _____ VERSICULO QUE ME TOCO MAS _____

ESCRIBE EL VERSICULO _____

_____

DE QUE MANERA ME TOCO _____

_____

VIERNES FECHA _____ TODO LO QUE LEI EN LA BIBLIA HOY _____ VERSICULO QUE ME TOCO MAS _____

ESCRIBE EL VERSICULO _____

_____

DE QUE MANERA ME TOCO _____

_____

SABADO FECHA _____ TODO LO QUE LEI EN LA BIBLIA HOY _____ VERSICULO QUE ME TOCO MAS _____

ESCRIBE EL VERSICULO _____

_____

DE QUE MANERA ME TOCO _____

_____

DIARIO DE LECTURA DE LA BIBLIA

DOMINGO FECHA _____ TODO LO QUE LEI EN LA BIBLIA HOY _____ VERSICULO QUE ME TOCO MAS _____

ESCRIBE EL VERSICULO _____

_____

DE QUE MANERA ME TOCO _____

_____

LUNES FECHA _____ TODO LO QUE LEI EN LA BIBLIA HOY _____ VERSICULO QUE ME TOCO MAS _____

ESCRIBE EL VERSICULO _____

_____

DE QUE MANERA ME TOCO _____

_____

MARTES FECHA _____ TODO LO QUE LEI EN LA BIBLIA HOY _____ VERSICULO QUE ME TOCO MAS _____

ESCRIBE EL VERSICULO _____

_____

DE QUE MANERA ME TOCO _____

_____

MIERCOLES FECHA _____ TODO LO QUE LEI EN LA BIBLIA HOY _____ VERSICULO QUE ME TOCO MAS _____

ESCRIBE EL VERSICULO _____

_____

DE QUE MANERA ME TOCO _____

_____

JUEVES FECHA _____ TODO LO QUE LEI EN LA BIBLIA HOY _____ VERSICULO QUE ME TOCO MAS _____

ESCRIBE EL VERSICULO _____

_____

DE QUE MANERA ME TOCO _____

_____

VIERNES FECHA _____ TODO LO QUE LEI EN LA BIBLIA HOY _____ VERSICULO QUE ME TOCO MAS _____

ESCRIBE EL VERSICULO _____

_____

DE QUE MANERA ME TOCO _____

_____

SABADO FECHA _____ TODO LO QUE LEI EN LA BIBLIA HOY _____ VERSICULO QUE ME TOCO MAS _____

ESCRIBE EL VERSICULO _____

_____

DE QUE MANERA ME TOCO _____

_____

DIARIO DE LECTURA DE LA BIBLIA

DOMINGO FECHA _____ TODO LO QUE LEI EN LA BIBLIA HOY _____ VERSICULO QUE ME TOCO MAS _____

ESCRIBE EL VERSICULO _____

_____

DE QUE MANERA ME TOCO _____

_____

LUNES FECHA _____ TODO LO QUE LEI EN LA BIBLIA HOY _____ VERSICULO QUE ME TOCO MAS _____

ESCRIBE EL VERSICULO _____

_____

DE QUE MANERA ME TOCO _____

_____

MARTES FECHA _____ TODO LO QUE LEI EN LA BIBLIA HOY _____ VERSICULO QUE ME TOCO MAS _____

ESCRIBE EL VERSICULO _____

_____

DE QUE MANERA ME TOCO _____

_____

MIERCOLES FECHA ___ TODO LO QUE LEI EN LA BIBLIA HOY _____ VERSICULO QUE ME TOCO MAS _____

ESCRIBE EL VERSICULO _____

_____

DE QUE MANERA ME TOCO _____

_____

JUEVES FECHA _____ TODO LO QUE LEI EN LA BIBLIA HOY _____ VERSICULO QUE ME TOCO MAS _____

ESCRIBE EL VERSICULO _____

_____

DE QUE MANERA ME TOCO _____

_____

VIERNES FECHA _____ TODO LO QUE LEI EN LA BIBLIA HOY _____ VERSICULO QUE ME TOCO MAS _____

ESCRIBE EL VERSICULO _____

_____

DE QUE MANERA ME TOCO _____

_____

SABADO FECHA _____ TODO LO QUE LEI EN LA BIBLIA HOY _____ VERSICULO QUE ME TOCO MAS _____

ESCRIBE EL VERSICULO _____

_____

DE QUE MANERA ME TOCO _____

_____

DIARIO DE LECTURA
DE LA BIBLIA

DOMINGO FECHA _____ TODO LO QUE LEI EN LA BIBLIA HOY____ VERSICULO QUE ME TOCO MAS _____

ESCRIBE EL VERSICULO _____

_____

DE QUE MANERA ME TOCO _____

_____

LUNES FECHA _____ TODO LO QUE LEI EN LA BIBLIA HOY____ VERSICULO QUE ME TOCO MAS _____

ESCRIBE EL VERSICULO _____

_____

DE QUE MANERA ME TOCO _____

_____

MARTES FECHA _____ TODO LO QUE LEI EN LA BIBLIA HOY____ VERSICULO QUE ME TOCO MAS _____

ESCRIBE EL VERSICULO _____

_____

DE QUE MANERA ME TOCO _____

_____

MIERCOLES FECHA ____ TODO LO QUE LEI EN LA BIBLIA HOY____ VERSICULO QUE ME TOCO MAS _____

ESCRIBE EL VERSICULO _____

_____

DE QUE MANERA ME TOCO _____

_____

JUEVES FECHA _____ TODO LO QUE LEI EN LA BIBLIA HOY____ VERSICULO QUE ME TOCO MAS _____

ESCRIBE EL VERSICULO _____

_____

DE QUE MANERA ME TOCO _____

_____

VIERNES FECHA _____ TODO LO QUE LEI EN LA BIBLIA HOY____ VERSICULO QUE ME TOCO MAS _____

ESCRIBE EL VERSICULO _____

_____

DE QUE MANERA ME TOCO _____

_____

SABADO FECHA _____ TODO LO QUE LEI EN LA BIBLIA HOY____ VERSICULO QUE ME TOCO MAS _____

ESCRIBE EL VERSICULO _____

_____

DE QUE MANERA ME TOCO _____

_____

DIARIO DE LECTURA DE LA BIBLIA

DOMINGO FECHA _____ TODO LO QUE LEI EN LA BIBLIA HOY _____ VERSICULO QUE ME TOCO MAS _____
ESCRIBE EL VERSICULO _____
_____
DE QUE MANERA ME TOCO _____
_____

LUNES FECHA _____ TODO LO QUE LEI EN LA BIBLIA HOY _____ VERSICULO QUE ME TOCO MAS _____
ESCRIBE EL VERSICULO _____
_____
DE QUE MANERA ME TOCO _____
_____

MARTES FECHA _____ TODO LO QUE LEI EN LA BIBLIA HOY _____ VERSICULO QUE ME TOCO MAS _____
ESCRIBE EL VERSICULO _____
_____
DE QUE MANERA ME TOCO _____
_____

MIERCOLES FECHA _____ TODO LO QUE LEI EN LA BIBLIA HOY _____ VERSICULO QUE ME TOCO MAS _____
ESCRIBE EL VERSICULO _____
_____
DE QUE MANERA ME TOCO _____
_____

JUEVES FECHA _____ TODO LO QUE LEI EN LA BIBLIA HOY _____ VERSICULO QUE ME TOCO MAS _____
ESCRIBE EL VERSICULO _____
_____
DE QUE MANERA ME TOCO _____
_____

VIERNES FECHA _____ TODO LO QUE LEI EN LA BIBLIA HOY _____ VERSICULO QUE ME TOCO MAS _____
ESCRIBE EL VERSICULO _____
_____
DE QUE MANERA ME TOCO _____
_____

SABADO FECHA _____ TODO LO QUE LEI EN LA BIBLIA HOY _____ VERSICULO QUE ME TOCO MAS _____
ESCRIBE EL VERSICULO _____
_____
DE QUE MANERA ME TOCO _____
_____

DIARIO DE LECTURA
DE LA BIBLIA

DOMINGO FECHA _____ TODO LO QUE LEI EN LA BIBLIA HOY _____ VERSICULO QUE ME TOCO MAS _____

ESCRIBE EL VERSICULO _____

_____

DE QUE MANERA ME TOCO _____

_____

LUNES FECHA _____ TODO LO QUE LEI EN LA BIBLIA HOY _____ VERSICULO QUE ME TOCO MAS _____

ESCRIBE EL VERSICULO _____

_____

DE QUE MANERA ME TOCO _____

_____

MARTES FECHA _____ TODO LO QUE LEI EN LA BIBLIA HOY _____ VERSICULO QUE ME TOCO MAS _____

ESCRIBE EL VERSICULO _____

_____

DE QUE MANERA ME TOCO _____

_____

MIERCOLES FECHA ____ TODO LO QUE LEI EN LA BIBLIA HOY _____ VERSICULO QUE ME TOCO MAS _____

ESCRIBE EL VERSICULO _____

_____

DE QUE MANERA ME TOCO _____

_____

JUEVES FECHA _____ TODO LO QUE LEI EN LA BIBLIA HOY _____ VERSICULO QUE ME TOCO MAS _____

ESCRIBE EL VERSICULO _____

_____

DE QUE MANERA ME TOCO _____

_____

VIERNES FECHA _____ TODO LO QUE LEI EN LA BIBLIA HOY _____ VERSICULO QUE ME TOCO MAS _____

ESCRIBE EL VERSICULO _____

_____

DE QUE MANERA ME TOCO _____

_____

SABADO FECHA _____ TODO LO QUE LEI EN LA BIBLIA HOY _____ VERSICULO QUE ME TOCO MAS _____

ESCRIBE EL VERSICULO _____

_____

DE QUE MANERA ME TOCO _____

_____

DIARIO DE LECTURA DE LA BIBLIA

DOMINGO FECHA _____ TODO LO QUE LEI EN LA BIBLIA HOY _____ VERSICULO QUE ME TOCO MAS _____
ESCRIBE EL VERSICULO _____
_____

DE QUE MANERA ME TOCO _____
_____

LUNES FECHA _____ TODO LO QUE LEI EN LA BIBLIA HOY _____ VERSICULO QUE ME TOCO MAS _____
ESCRIBE EL VERSICULO _____
_____

DE QUE MANERA ME TOCO _____
_____

MARTES FECHA _____ TODO LO QUE LEI EN LA BIBLIA HOY _____ VERSICULO QUE ME TOCO MAS _____
ESCRIBE EL VERSICULO _____
_____

DE QUE MANERA ME TOCO _____
_____

MIERCOLES FECHA ____ TODO LO QUE LEI EN LA BIBLIA HOY _____ VERSICULO QUE ME TOCO MAS _____
ESCRIBE EL VERSICULO _____
_____

DE QUE MANERA ME TOCO _____
_____

JUEVES FECHA _____ TODO LO QUE LEI EN LA BIBLIA HOY _____ VERSICULO QUE ME TOCO MAS _____
ESCRIBE EL VERSICULO _____
_____

DE QUE MANERA ME TOCO _____
_____

VIERNES FECHA _____ TODO LO QUE LEI EN LA BIBLIA HOY _____ VERSICULO QUE ME TOCO MAS _____
ESCRIBE EL VERSICULO _____
_____

DE QUE MANERA ME TOCO _____
_____

SABADO FECHA _____ TODO LO QUE LEI EN LA BIBLIA HOY _____ VERSICULO QUE ME TOCO MAS _____
ESCRIBE EL VERSICULO _____
_____

DE QUE MANERA ME TOCO _____
_____

DIARIO DE LECTURA DE LA BIBLIA

DOMINGO FECHA _____ TODO LO QUE LEI EN LA BIBLIA HOY _____ VERSICULO QUE ME TOCO MAS _____
ESCRIBE EL VERSICULO _____

_____

DE QUE MANERA ME TOCO _____

_____

LUNES FECHA _____ TODO LO QUE LEI EN LA BIBLIA HOY _____ VERSICULO QUE ME TOCO MAS _____
ESCRIBE EL VERSICULO _____

_____

DE QUE MANERA ME TOCO _____

_____

MARTES FECHA _____ TODO LO QUE LEI EN LA BIBLIA HOY _____ VERSICULO QUE ME TOCO MAS _____
ESCRIBE EL VERSICULO _____

_____

DE QUE MANERA ME TOCO _____

_____

MIERCOLES FECHA ___ TODO LO QUE LEI EN LA BIBLIA HOY _____ VERSICULO QUE ME TOCO MAS _____
ESCRIBE EL VERSICULO _____

_____

DE QUE MANERA ME TOCO _____

_____

JUEVES FECHA _____ TODO LO QUE LEI EN LA BIBLIA HOY _____ VERSICULO QUE ME TOCO MAS _____
ESCRIBE EL VERSICULO _____

_____

DE QUE MANERA ME TOCO _____

_____

VIERNES FECHA _____ TODO LO QUE LEI EN LA BIBLIA HOY _____ VERSICULO QUE ME TOCO MAS _____
ESCRIBE EL VERSICULO _____

_____

DE QUE MANERA ME TOCO _____

_____

SABADO FECHA _____ TODO LO QUE LEI EN LA BIBLIA HOY _____ VERSICULO QUE ME TOCO MAS _____
ESCRIBE EL VERSICULO _____

_____

DE QUE MANERA ME TOCO _____

_____

DIARIO DE LECTURA DE LA BIBLIA

DOMINGO FECHA _____ TODO LO QUE LEI EN LA BIBLIA HOY _____ VERSICULO QUE ME TOCO MAS _____
ESCRIBE EL VERSICULO _____

_____

DE QUE MANERA ME TOCO _____

_____

LUNES FECHA _____ TODO LO QUE LEI EN LA BIBLIA HOY _____ VERSICULO QUE ME TOCO MAS _____
ESCRIBE EL VERSICULO _____

_____

DE QUE MANERA ME TOCO _____

_____

MARTES FECHA _____ TODO LO QUE LEI EN LA BIBLIA HOY _____ VERSICULO QUE ME TOCO MAS _____
ESCRIBE EL VERSICULO _____

_____

DE QUE MANERA ME TOCO _____

_____

MIERCOLES FECHA ____ TODO LO QUE LEI EN LA BIBLIA HOY _____ VERSICULO QUE ME TOCO MAS _____
ESCRIBE EL VERSICULO _____

_____

DE QUE MANERA ME TOCO _____

_____

JUEVES FECHA _____ TODO LO QUE LEI EN LA BIBLIA HOY _____ VERSICULO QUE ME TOCO MAS _____
ESCRIBE EL VERSICULO _____

_____

DE QUE MANERA ME TOCO _____

_____

VIERNES FECHA _____ TODO LO QUE LEI EN LA BIBLIA HOY _____ VERSICULO QUE ME TOCO MAS _____
ESCRIBE EL VERSICULO _____

_____

DE QUE MANERA ME TOCO _____

_____

SABADO FECHA _____ TODO LO QUE LEI EN LA BIBLIA HOY _____ VERSICULO QUE ME TOCO MAS _____
ESCRIBE EL VERSICULO _____

_____

DE QUE MANERA ME TOCO _____

_____

DIARIO DE LECTURA DE LA BIBLIA

DOMINGO FECHA _____ TODO LO QUE LEI EN LA BIBLIA HOY _____ VERSICULO QUE ME TOCO MAS _____

ESCRIBE EL VERSICULO _____

_____

DE QUE MANERA ME TOCO _____

_____

LUNES FECHA _____ TODO LO QUE LEI EN LA BIBLIA HOY _____ VERSICULO QUE ME TOCO MAS _____

ESCRIBE EL VERSICULO _____

_____

DE QUE MANERA ME TOCO _____

_____

MARTES FECHA _____ TODO LO QUE LEI EN LA BIBLIA HOY _____ VERSICULO QUE ME TOCO MAS _____

ESCRIBE EL VERSICULO _____

_____

DE QUE MANERA ME TOCO _____

_____

MIERCOLES FECHA _____ TODO LO QUE LEI EN LA BIBLIA HOY _____ VERSICULO QUE ME TOCO MAS _____

ESCRIBE EL VERSICULO _____

_____

DE QUE MANERA ME TOCO _____

_____

JUEVES FECHA _____ TODO LO QUE LEI EN LA BIBLIA HOY _____ VERSICULO QUE ME TOCO MAS _____

ESCRIBE EL VERSICULO _____

_____

DE QUE MANERA ME TOCO _____

_____

VIERNES FECHA _____ TODO LO QUE LEI EN LA BIBLIA HOY _____ VERSICULO QUE ME TOCO MAS _____

ESCRIBE EL VERSICULO _____

_____

DE QUE MANERA ME TOCO _____

_____

SABADO FECHA _____ TODO LO QUE LEI EN LA BIBLIA HOY _____ VERSICULO QUE ME TOCO MAS _____

ESCRIBE EL VERSICULO _____

_____

DE QUE MANERA ME TOCO _____

_____

MI LISTA DE ORACION

PEDIDO   **RESPUESTA DE DIOS**

MI LISTA DE ORACION

PEDIDO   **RESPUESTA DE DIOS**

REGISTRO DE EVANGELISMO DE 4 SEMANAS

MIEMBROS DEL GRUPO PEQUEÑO

Nombre _____ Dirección _____ Teléfono _____

Nombre _____ Dirección _____ Teléfono _____

Nombre _____ Dirección _____ Teléfono _____

Nombre _____ Dirección _____ Teléfono _____

Nombre _____ Dirección _____ Teléfono _____

PERSONAS NUEVAS QUE CONOCI

Nombre _____ Nombre _____ Nombre _____

Nombre _____ Nombre _____ Nombre _____

Nombre _____ Nombre _____ Nombre _____

Nombre _____ Nombre _____ Nombre _____

Nombre _____ Nombre _____ Nombre _____

Nombre _____ Nombre _____ Nombre _____

Nombre _____ Nombre _____ Nombre _____

Nombre _____ Nombre _____ Nombre _____

Nombre _____ Nombre _____ Nombre _____

Nombre _____ Nombre _____ Nombre _____

PERSONAS CON LAS QUE PASE UN TIEMPO CASUAL

Nombre _____ Nombre _____ Nombre _____

Nombre _____ Nombre _____ Nombre _____

Nombre _____ Nombre _____ Nombre _____

Nombre _____ Nombre _____ Nombre _____

PERSONAS A LAS QUE HABLE SOBRE JESUS

Nombre _____ Nombre _____ Nombre _____

Nombre _____ Nombre _____ Nombre _____

PERSONAS CON LAS COMPARTI A CRISTO

Nombre _____ Nombre _____ Nombre _____

Nombre _____ Nombre _____ Nombre _____

PERSONAS A LAS QUE CONDUJE A CRISTO

Nombre _____ Nombre _____ Nombre _____

Nombre _____ Nombre _____ Nombre _____

INFORME
DE PROGRESO DIARIO

FECHA	LECTURA DE LA BIBLIA	DIARIO BIBLICO	ESTUDIO BIBLICO	REPASO DE VERSICULOS PARA MEMORIZAR	ORACION	PLAN DE 4 SEMANAS	PROYECTO DE MI CLASE	COMPARTIO A CRISTO	LEYO UN LIBRO

UN PLAN PARA
EL EVANGELISMO UNIVERSITARIO
"MI CLASE...MI CAMPO MISIONERO"

HOJA DE EJERCICIO 5 A

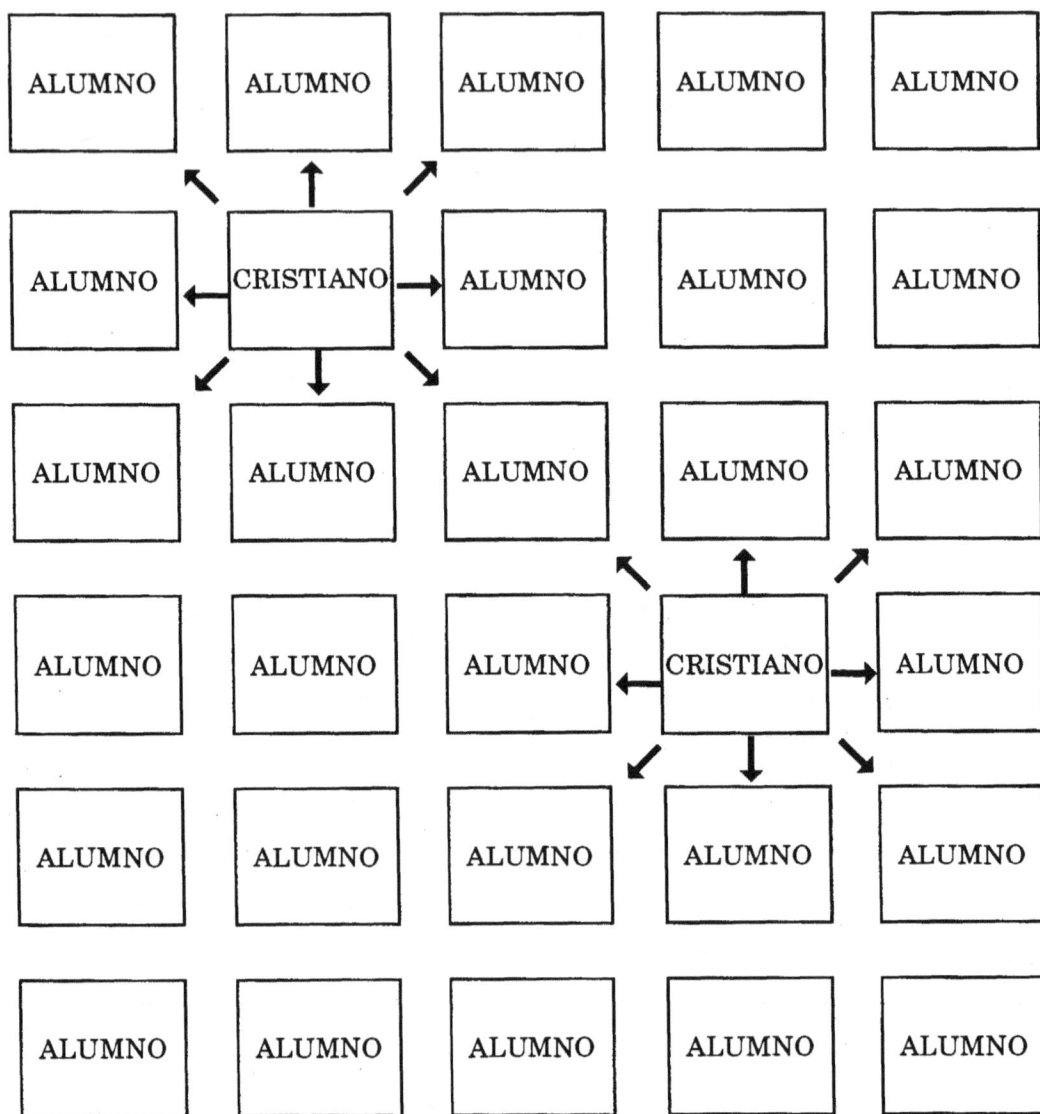

ALUMNO	ALUMNO	ALUMNO	ALUMNO	ALUMNO
ALUMNO	CRISTIANO	ALUMNO	ALUMNO	ALUMNO
ALUMNO	ALUMNO	ALUMNO	ALUMNO	ALUMNO
ALUMNO	ALUMNO	ALUMNO	CRISTIANO	ALUMNO
ALUMNO	ALUMNO	ALUMNO	ALUMNO	ALUMNO
ALUMNO	ALUMNO	ALUMNO	ALUMNO	ALUMNO

UN PLAN PARA EL EVANGELISMO UNIVERSITARIO

"MI CLASE...MI CAMPO MISIONERO"

HOJA DE EJERCICIO 5 B

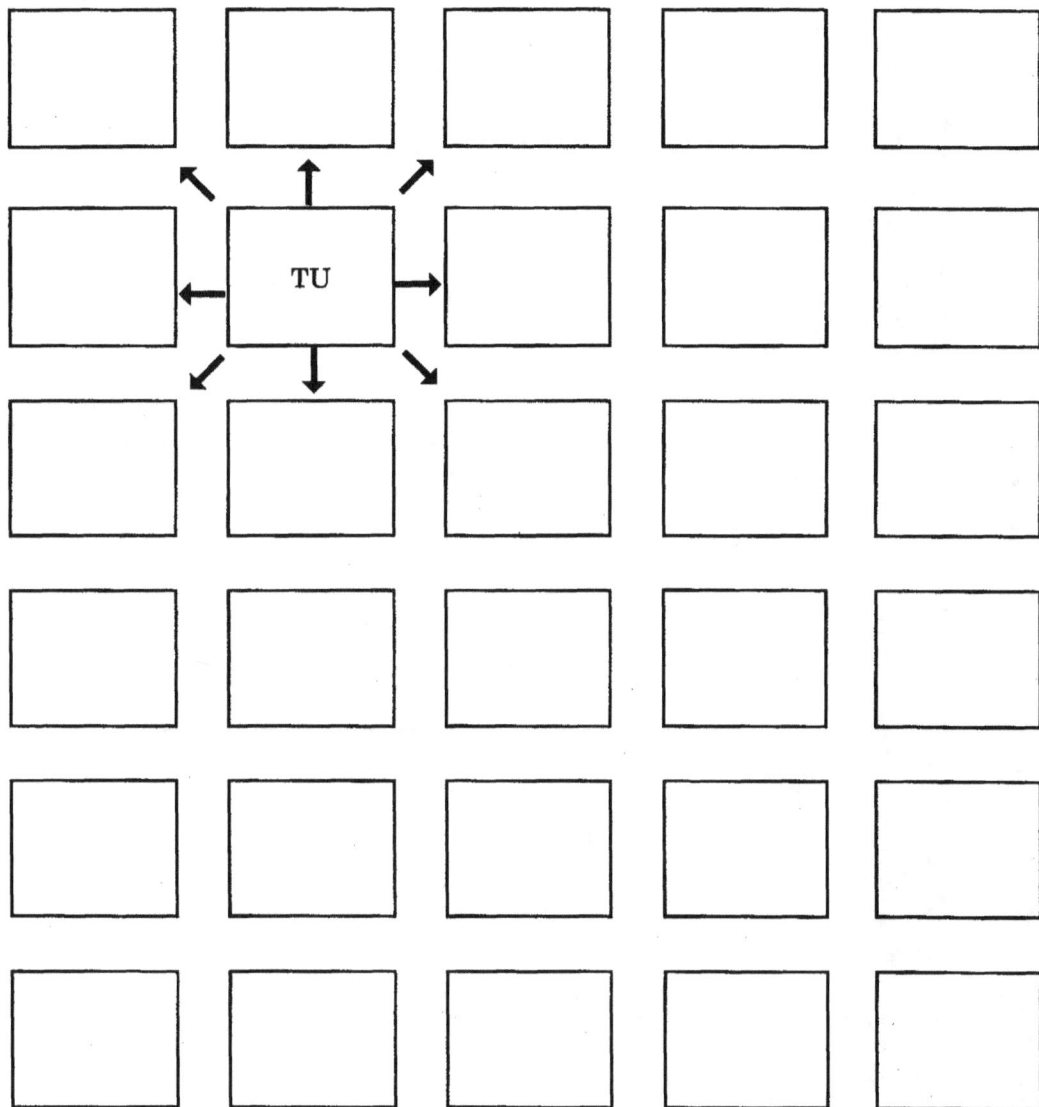

```
TU
```

LISTA DE EVANGELISMO PERSONAL PARA MI CLASE

NOMBRE DE LA CLASE _____   **NOMBRE DEL MAESTRO** _____

NOMBRE/ INFORMACION DE AMIGOS	NECESIDADES	MATERIALES QUE CREARIA INTERES EN ELLOS	ACTIVIDADES A LAS QUE PUEDO INVITAR A MI AMIGO	COMO Y CUANDO COMPARTIRE MI FE	COMENTARIOS

HOJA DE EJERCICIO 6

EL CAMINO A LA SALVACION

COMPROMISO
¡SI, ES PARA MI!

ANALISIS
¿PUEDE FUNCIONAR PARA MI?

EVALUACION
¿FUNCIONA PARA TI?

INTERES
¿POR QUE ES DIFERENTE?

CURIOSIDAD
ESO ES DIFERENTE

APATIA
¿A QUIEN LE IMPORTA?

HOJA DE EJERCICIO 7

CUADRO DE LECTURA
DE LA BIBLIA

ANTIGUO TESTAMENTO

Génesis
1 2 3 4 5 6 7 8 9 10 11 12 13 14 15 16 17 18 19 20 21 22 23 24 25 26
27 28 29 30 31 32 33 34 35 36 37 38 39 40 41 42 43 44 45 46 47 48 49 50

Exodo
1 2 3 4 5 6 7 8 9 10 11 12 13 14 15 16 17 18 19 20 21 22 23 24 25 26
27 28 29 30 31 32 33 34 35 36 37 38 39 40

Levítico
1 2 3 4 5 6 7 8 9 10 11 12 13 14 15 16 17 18 19 20 21 22 23 24 25 26
27

Números
1 2 3 4 5 6 7 8 9 10 11 12 13 14 15 16 17 18 19 20 21 22 23 24 25 26
27 28 29 30 31 32 33 34 35 36

Deuteronomio
1 2 3 4 5 6 7 8 9 10 11 12 13 14 15 16 17 18 19 20 21 22 23 24 25 26
27 28 29 30 31 32 33 34

Josué
1 2 3 4 5 6 7 8 9 10 11 12 13 14 15 16 17 18 19 20 21 22 23 24

Jueces
1 2 3 4 5 6 7 8 9 10 11 12 13 14 15 16 17 18 19 20 21

Rut
1 2 3 4

1 Samuel
1 2 3 4 5 6 7 8 9 10 11 12 13 14 15 16 17 18 19 20 21 22 23 24 25 26
27 28 29 30 31

2 Samuel
1 2 3 4 5 6 7 8 9 10 11 12 13 14 15 16 17 18 19 20 21 22 23 24

1 Reyes
1 2 3 4 5 6 7 8 9 10 11 12 13 14 15 16 17 18 19 20 21 22

2 Reyes
1 2 3 4 5 6 7 8 9 10 11 12 13 14 15 16 17 18 19 20 21 22 23 24 25

1 Crónicas
1 2 3 4 5 6 7 8 9 10 11 12 13 14 15 16 17 18 19 20 21 22 23 24 25 26
27 28 29

2 Crónicas
1 2 3 4 5 6 7 8 9 10 11 12 13 14 15 16 17 18 19 20 21 22 23 24 25 26
27 28 29 30 31 32 33 34 35 36

Esdras
1 2 3 4 5 6 7 8 9 10

Nehemías
1 2 3 4 5 6 7 8 9 10 11 12 13

Ester
1 2 3 4 5 6 7 8 9 10

Job
1 2 3 4 5 6 7 8 9 10 11 12 13 14 15 16 17 18 19 20 21 22 23 24 25 26
27 28 29 30 31 32 33 34 35 36 37 38 39 40 41 42

Salmos
1 2 3 4 5 6 7 8 9 10 11 12 13 14 15 16 17 18 19 20 21 22 23 24 25 26
27 28 29 30 31 32 33 34 35 36 37 38 39 40 41 42 43 44 45 46 47 48 49 50 51 52
53 54 55 56 57 58 59 60 61 62 63 64 65 66 67 68 69 70 71 72 73 74 75 76 77 78
79 80 81 82 83 84 85 86 87 88 89 90 91 92 93 94 95 96 97 98 99 100 101 102 103 104
105 106 107 108 109 110 111 112 113 114 115 116 117 118 119 120 121 122 123 124 125 126 127 128 129 130
131 132 133 134 135 136 137 138 139 140 141 142 143 144 145 146 147 148 149 150

Proverbios
1 2 3 4 5 6 7 8 9 10 11 12 13 14 15 16 17 18 19 20 21 22 23 24 25 26
27 28 29 30 31

Eclesiastés
1 2 3 4 5 6 7 8 9 10 11 12

Cantar de los cantares
1 2 3 4 5 6 7 8

Isaías
1 2 3 4 5 6 7 8 9 10 11 12 13 14 15 16 17 18 19 20 21 22 23 24 25 26
27 28 29 30 31 32 33 34 35 36 37 38 39 40 41 42 43 44 45 46 47 48 49 50 51 52
53 54 55 56 57 58 59 60 61 62 63 64 65 66

Jeremías
1 2 3 4 5 6 7 8 9 10 11 12 13 14 15 16 17 18 19 20 21 22 23 24 25 26
27 28 29 30 31 32 33 34 35 36 37 38 39 40 41 42 43 44 45 46 47 48 49 50 51 52

Lamentaciones
1 2 3 4 5

Ezequiel
1 2 3 4 5 6 7 8 9 10 11 12 13 14 15 16 17 18 19 20 21 22 23 24 25 26
27 28 29 30 31 32 33 34 35 36 37 38 39 40 41 42 43 44 45 46 47 48

Daniel
1 2 3 4 5 6 7 8 9 10 11 12

Oseas
1 2 3 4 5 6 7 8 9 10 11 12 13 14

Joel
1 2 3

Amós
1 2 3 4 5 6 7 8 9

Abdías
1

Jonás
1 2 3 4

Miqueas
1 2 3 4 5 6 7

Nahum
1 2 3

Habacuc
1 2 3

Sofonías
1 2 3

Zacarías
1 2 3 4 5 6 7 8 9 10 11 12 13 14

Malaquías
1 2 3 4

CUADRO DE LECTURA DE LA BIBLIA

NUEVO TESTAMENTO

Libro	Capítulos
Mateo	1 2 3 4 5 6 7 8 9 10 11 12 13 14 15 16 17 18 19 20 21 22 23 24 25 26 27 28
Marcos	1 2 3 4 5 6 7 8 9 10 11 12 13 14 15 16
Lucas	1 2 3 4 5 6 7 8 9 10 11 12 13 14 15 16 17 18 19 20 21 22 23 24
Juan	1 2 3 4 5 6 7 8 9 10 11 12 13 14 15 16 17 18 19 20 21
Hechos	1 2 3 4 5 6 7 8 9 10 11 12 13 14 15 16 17 18 19 20 21 22 23 24 25 26 27 28
Romanos	1 2 3 4 5 6 7 8 9 10 11 12 13 14 15 16
1 Corintios	1 2 3 4 5 6 7 8 9 10 11 12 13 14 15 16
2 Corintios	1 2 3 4 5 6 7 8 9 10 11 12 13
Gálatas	1 2 3 4 5 6
Efesios	1 2 3 4 5 6
Filipenses	1 2 3 4
Colosenses	1 2 3 4
1 Tesalonicenses	1 2 3 4 5
2 Tesalonicenses	1 2 3
1 Timoteo	1 2 3 4 5 6
2 Timoteo	1 2 3 4
Tito	1 2 3
Filemón	1
Hebreos	1 2 3 4 5 6 7 8 9 10 11 12 13
Santiago	1 2 3 4 5
1 Pedro	1 2 3 4 5
2 Pedro	1 2 3
1 Juan	1 2 3 4 5
2 Juan	1
3 Juan	1
Judas	1
Apocalipsis	1 2 3 4 5 6 7 8 9 10 11 12 13 14 15 16 17 18 19 20 21 22

DIVIDIENDO LA BIBLIA POR CATEGORIAS

LA BIBLIA (66 LIBROS)

ANTIGUO TESTAMENTO

PENTATEUCO	HISTORIA	SABIDURIA	PROFECIA
Génesis	Josué	Job	Isaías
Exodo	Jueces	Salmos	Jeremías
Levítico	Rut	Proverbios	Lamentaciones
Números	1 Samuel	Eclesiastés	Ezequiel
Deuteronomio	2 Samuel	Cantar de	Daniel
	1 Reyes	los cantares	Oseas
	2 Reyes		Joel
	1 Crónicas		Amós
	2 Crónicas		Abdías
	Esdras		Jonás
	Nehemías		Miqueas
	Ester		Nahum
			Habacuc
			Sofonías
			Hageo
			Zacarías
			Malaquías

NUEVO TESTAMENTO

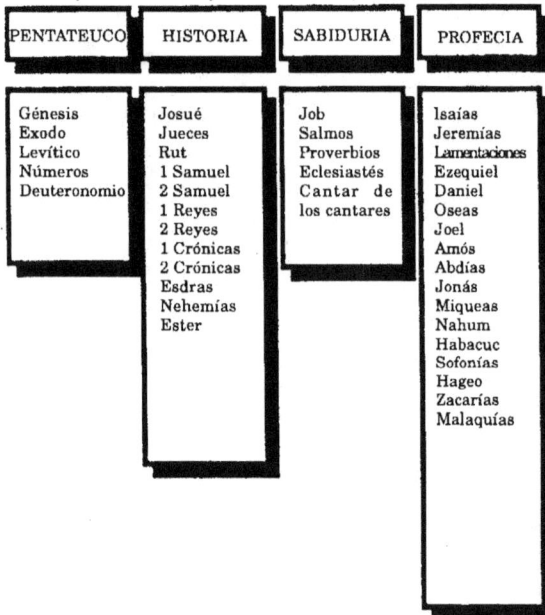

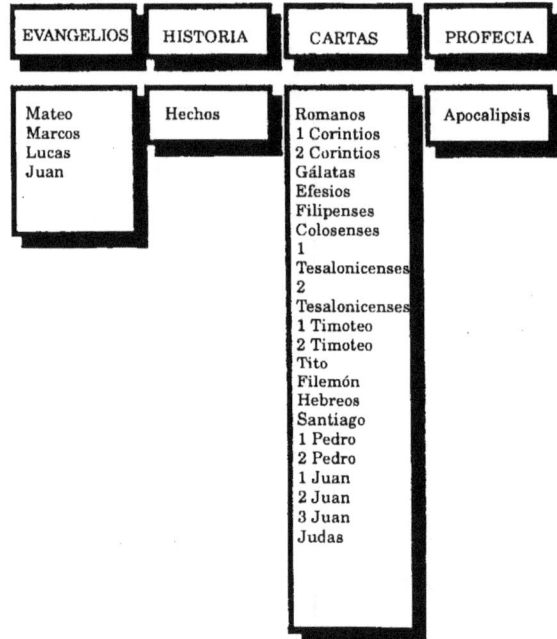

EVANGELIOS	HISTORIA	CARTAS	PROFECIA
Mateo	Hechos	Romanos	Apocalipsis
Marcos		1 Corintios	
Lucas		2 Corintios	
Juan		Gálatas	
		Efesios	
		Filipenses	
		Colosenses	
		1 Tesalonicenses	
		2 Tesalonicenses	
		1 Timoteo	
		2 Timoteo	
		Tito	
		Filemón	
		Hebreos	
		Santiago	
		1 Pedro	
		2 Pedro	
		1 Juan	
		2 Juan	
		3 Juan	
		Judas	

142

2 Timoteo 2:15 "Procura con diligencia presentarte a Dios aprobado, como obrero que no tiene de qué avergonzarse, que usa bien la palabra de verdad."	**Romanos 6:23** "Porque la paga del pecado es muerte, mas la dádiva de Dios es vida eterna en Cristo Jesús Señor nuestro."	**Romanos 10:9, 10** "Que si confesares con tu boca que Jesús es el Señor, y creyeres en tu corazón que Dios le levantó de los muertos, serás salvo. Porque con el corazón se cree para justicia, pero con la boca se confiesa para salvación	**1 Juan 5:13** "Estas cosas os he escrito a vosotros que creéis en el nombre del Hijo de Dios, para que sepáis que tenéis vida eterna, y para que creáis en el nombre del Hijo de Dios."	**Josué 1:8** "Nunca se apartará de tu boca este libro de la ley, sino que de día y de noche meditarás en él, para que guardes y hagas conforme a todo lo que en él está escrito; porque entonces harás prosperar tu camino, y todo te saldrá bien."
Juan 3:16, 17 "Porque de tal manera amó Dios al mundo, que ha dado a su Hijo unigénito, para que todo aquel que en él cree, no se pierda, mas tenga vida eterna. Porque no envió Dios a su Hijo al mundo para condenar al mundo, sino para que el mundo sea salvo por él."	**Romanos 10:13** "Porque todo aquel que invocare el nombre del Señor, será salvo."	**Tito 3:5** "Nos salvó, no por obras de justicia que nosotros hubiéramos hecho, sino por su misericordia, por el lavamiento de la regeneración y por la renovación en el Espíritu Santo."	**Salmo 119:9, 11** "¿Con qué limpiará el joven su camino? Con guardar tu palabra. En mi corazón he guardado tus dichos, para no pecar contra ti."	**Juan 10:10** "El ladrón no viene sino para hurtar y matar y destruir; yo he venido para que tengan vida, y para que la tengan en abundancia."
Apocalipsis 3:20 "He aquí, yo estoy a la puerta y llamo; si alguno oye mi voz y abre la puerta, entraré a él, y cenaré con él, y él conmigo."	**Efesios 2:8, 9** "Porque por gracia sois salvos por medio de la fe; y esto no de vosotros, pues es don de Dios; no por obras, para que nadie se gloríe."	**1 Pedro 3:15** "Sino santificad a Dios el Señor en vuestros corazones, y estad siempre preparados para presentar defensa con mansedumbre y reverencia ante todo el que os demande razón de la esperanza que hay en vosotros."	**Romanos 5:8** "Mas Dios muestra su amor para con nosotros, en que siendo aún pecadores, Cristo murió por nosotros."	**Juan 1:12** "Mas a todos los que le recibieron, a los que creen en su nombre, les dio potestad de ser hechos hijos de Dios "
Romanos 3:23 "Por cuanto todos pecaron, y están destituidos de la gloria de Dios."	**1 Juan 1:9** "Si confesamos nuestros pecados, él es fiel y justo para perdonar nuestros pecados, y limpiarnos de toda maldad."	**1 Juan 5:11-12** "Y este es su testimonio: que Dios nos ha dado vida eterna; y esta vida está en su Hijo. El que tiene al Hijo, tiene la vida; el que no tiene al Hijo de Dios no tiene la vida."		

2 Corintios 5:17 "De modo que si alguno está en Cristo, nueva criatura es; las cosas viejas pasaron; he aquí todas son hechas nuevas."	**1 Juan 5:14** "Y esta es la confianza que tenemos en él, que si pedimos cosa alguna conforme a su voluntad, él nos oye."	**2 Timoteo 3:16, 17** "Toda la Escritura es inspirada por Dios, y útil para enseñar, para redargüir, para corregir, para instruir en justicia, a fin de que el hombre de Dios sea perfecto, enteramente preparado para toda buena obra."	**Salmo 139:23, 24** "Examíname, oh Dios, y conoce mi corazón; pruébame y conoce mis pensamientos; y ve si hay en mí camino de perversidad, y guíame en el camino eterno."	**Hebreos 13:18** "Orad por nosotros; pues confiamos en que tenemos buena conciencia, deseando conducirnos bien en todo."
Hechos 1:8 "Pero recibiréis poder, cuando haya venido sobre vosotros el Espíritu Santo, y me seréis testigos en Jerusalén, en toda Judea, en Samaria, y hasta lo último de la tierra."	**Juan 13:34, 35** "Un mandamiento nuevo os doy: Que os améis unos a otros; como yo os he amado, que también os améis unos a otros. En esto conocerán todos que sois mis discípulos, si tuviereis amor los unos con los otros."	**Romanos 1:16** "Porque no me avergüenzo del evangelio, porque es poder de Dios para salvación a todo aquel que cree; al judío primeramente, y también al griego."	**Mateo 28:19** "Por tanto, id, y haced discípulos a todas las naciones, bautizándolos en el nombre del Padre, y del Hijo, y del Espíritu Santo."	**Levítico 27:30** "Y el diezmo de la tierra, así de la simiente de la tierra como del fruto de los árboles, de Jehová es; es cosa dedicada a Jehová".
1 Juan 4:4 "Hijitos, vosotros sois de Dios, y los habéis vencido; porque mayor es el que está en vosotros, que el que está en el mundo".	**Efesios 6:10** "Por lo demás, hermanos míos, fortaleceos en el Señor, y en el poder de su fuerza".	**Efesios 5:8** "Porque en otro tiempo erais tinieblas, mas ahora sois luz en el Señor; andad como hijos de luz".	**1 Corintios 15:58** "Así que, hermanos míos amados, estad firmes y constantes, creciendo en la obra del Señor siempre, sabiendo que vuestro trabajo en el Señor no es en vano".	

EXCELENCIA
EXCELENCIA
D

DIAPOSITIVAS

El camino al discipulado

El camino al verdadero discipulado comienza cuando una persona nace de nuevo.

1. Cuando una persona se da cuenta de que está en pecado, perdida, ciega, y desnuda ante Dios.

2. Cuando reconoce que no puede salvarse a sí misma por un buen carácter o las buenas obras.

3. Cuando cree que el Señor Jesucristo murió como su substituto en la cruz.

4. Cuando, por una decisión definitiva de fe, reconoce a Jesucristo como su único Señor y Salvador.

Requisitos de un discípulo

La siguiente es una lista de requisitos o términos que Jesús estableció para sus discípulos.

1. Tener un supremo amor por Jesucristo.

2. Una negación a uno mismo.

3. Una elección deliberada de la cruz.

4. Una vida siguiendo a Cristo.

5. Un amor fervoroso por todos los que pertenecen a Cristo.

6. Una continuidad inquebrantable en su Palabra.

7. Una renuncia a todo para seguirle.

La necesidad de un verdadero discipulado bíblico

- Formar discípulos no es una opción para un creyente y la iglesia; es un mandato de Jesús.

- Los discípulos pueden multiplicar su fe en los demás.

- El discipulado se capta, no se enseña.

- El discipulado es un proceso medido de toda la vida de crecimiento espiritual; no sólo "una clase que completar".

El desafío al discipulado

Te pedimos que busques la EXCELENCIA y que "aceptes el desafío ... sobresale en los fundamentos del discipulado".

- Sobresale en la lectura de la Biblia.

- Sobresale en la oración.

- Sobresale en memorizar las Escrituras.

- Sobresale en testificar.

- Sobresale en discipular a otros.

Los elementos básicos de la oración

Alabanza

Adorar verbalmente a Dios por quién es El.

Acción de gracias

Agradecer verbalmente a Dios por lo que ha hecho.

Confesión

Admitir tus pecados a Dios y buscar su perdón.

Intercesión

Hacer un pedido en nombre de otras personas.

Petición

Pedir al Señor que supla tus propias necesidades.

Principios de la oración

Pedir al Padre en el nombre de Jesús.

    (Marcos 11:22-25).

Orar y estar de acuerdo con otros en la oración.

    (Mateo 18:19, 20).

Creer que Dios ha escuchado y respondido nuestra oración.

    (Mateo 21:22).

¿Por qué se debe memorizar las Escrituras?

- Jesús la utilizó como un arma contra las tentaciones del enemigo.

- Nos ayuda a mantener nuestros caminos puros para que no pequemos contra Dios.

- Nos ayuda a hacer todo lo que está escrito en la Palabra.

- Nos da un arma contra Satanás.

- Ayuda a que el Espíritu Santo nos quebrante.

- Nos ayuda a ser buenos obreros de Cristo.

- Nos da una razón de la esperanza que tenemos en nosotros.

Plan de evangelismo de 4 semanas

#1   Ora cada mañana además de tener tu tiempo de oración normal.

#2   Conoce a personas.

#3   Pasa un tiempo con aquellos que acabas de conocer.

#4   Invítalos a una actividad cristiana.

#5   Si puedes, comparte tu testimonio personal con ellos.

#6   Pregúntales acerca de Jesús.

#7   Comparte el plan divino de salvación.

#8   Recluta a otros cristianos en el "Plan de evangelismo de 4 semanas".

Cómo orar
por los perdidos

Paso 1

Ora que su corazón esté abierto a escuchar la Palabra de Dios. (Marcos 4:20; Lucas 8:15)

Paso 2

Ora que el Espíritu Santo los convenza de pecado. (Juan 16:7-9)

Paso 3

Ora que el Espíritu Santo los acerque a Dios. (Juan 6:44)

Paso 4

Ora que Dios envíe obreros a cosechar a los perdidos. (Lucas 10:2)

Paso 5

Agradece al Señor el haber escuchado tu oración. (Juan 11:41)

Sobresalir en los fundamentos del testimonio

1. Comienza tu día orando: "Señor, ayúdame a ser un testigo eficaz para ti hoy".

2. Está listo para compartir en cualquier lugar a cualquier hora—conoce de memoria algunos de los versículos básicos.

3. Sé un cristiano amistoso y lleno de amor.

4. Ten una verdadera compasión por los perdidos.

5. Confía en que Dios cosechará almas a través de ti.

Cómo alcanzar a las universidades locales

- Requiere de una decisión y una visión. "Voy a alcanzar a cada joven para Jesús en mi campo misionero, mi universidad".

- Requiere de un plan bien pensado, planeado, y flexible.

- Requiere el compromiso diario a las disciplinas personales, sobresaliendo en los fundamentos del discipulado.

- Requiere la disposición a ser adiestrado y luego adiestrar a otros que a su vez podrán adiestrar a otros.

- Requiere un amor por Dios y la gente.

- Requiere una actitud positiva y un corazón agradecido.

- Requiere una determinación persistente.

**Nuestra misión es alcanzar
a cada alumno para Jesucristo.**

¿Quién es el Espíritu Santo?

A. El Espíritu Santo es la tercera Persona de la Trinidad.

B. El Espíritu Santo es un consolador y un maestro.

C. El Espíritu Santo es un líder y guía a la verdad.

D. El Espíritu Santo nos convence de pecado.

E. El Espíritu Santo realiza nuestra adopción como hijos de Dios.

F. El Espíritu Santo nos ayuda en nuestras debilidades e inspira la oración.

G. El Espíritu Santo vive en nosotros.

¿Cómo recibo el bautismo en el Espíritu Santo?

A. Debo cooperar con el Espíritu Santo.

B. No debo buscar el don de lenguas; más bien debo buscar a Jesús, el dador de las lenguas.

C. No debo tener miedo.

D. Debo PEDIR—RECIBIR—CREER.

VIDA EN LA PALABRA

Curso número 1

Estudios por temas
de la Palabra de Dios

Primera edición en español 1996
(Traducción de la primera edición en inglés 1992)
Impreso en los EE.UU.

VIDA EN LA PALABRA

"Claves para una vida mejor"

Curso número 1

VIDA EN LA PALABRA

"Claves para una vida mejor"

PALABRAS QUE APRENDER

Adorar
Literalmente "acercarse, besar, o abrazar". Se refiere a la expresión de nuestro amor a Dios.

Arrepentimiento
Sigue a la confesión. Implica la pena de haber cometido una acción y un compromiso a cambiar.

Bautismo
El término bíblico para bautismo literalmente significa sumergir, poner una cosa totalmente bajo otra.

Biblia/ la Palabra/ las Escrituras
Todos los términos usados para referirse a la Biblia, el registro escrito del trato de Dios con los hombres.

Creyente
Un término aplicado a menudo a los cristianos. Se refiere a una persona que cree en Jesús.

Cristianismo
Término general referente a la fe en Cristo. También se refiere a las creencias, estilo de vida, y prácticas de los seguidores de Cristo.

Compromiso
Un juramento o promesa. Implica seguir hasta completar.

Comunión
La singular amistad posible sólo entre cristianos. Incluye los conceptos de amor y compromiso.

Confesar (Confesión)
Expresar el reconocimiento de una acción. (Yo confieso que comí las galletas).

Discípulo
Alumno de alguien o estudiante de algo. En un contexto cristiano describe a un seguidor de Cristo.

Espíritu Santo   Nombre dado a la tercera persona de la Trinidad—Dios el Espíritu Santo. El también es llamado el Consolador y el Espíritu de verdad.

Evangelio   Literalmente "buenas nuevas". Se refiere a las buenas nuevas de que Dios nos ama y desea salvarnos de nuestros pecados. También se refiere a los primeros cuatro libros del Nuevo Testamento (Evangelio de Mateo, Evangelio de Marcos, etc.).

Iglesia
(cuerpo de Cristo)   Se refiere a los cristianos como un grupo. Cuando los cristianos se reúnen están en la iglesia.

Oración   Conversación con Dios.

Pecado   Desobediencia—la violación de los mandamientos de Dios.

Salvación/salvo/
nacido de nuevo   El don de Dios que nos libera de la pena de nuestros pecados cuando pedimos a Dios que nos perdone. (Vea confesión y arrepentimiento).

Testificar   contar a alguien lo que Dios ha hecho por ti.

Títulos de Jesús   Jesús, Cristo, Hijo del Hombre, Príncipe de Paz, Cordero de Dios, Palabra, Salvador, Mesías.

Trinidad   Término usado para describir la relación especial entre las tres personas de Dios—Dios el Padre, Dios el Hijo, y Dios el Espíritu Santo.

VIDA EN LA PALABRA

"CLAVES PARA UNA VIDA MEJOR"

Lección 1

La salvación

Comenzando tu relación con Dios

La preocupación de Dios por el hombre y su bienestar está documentado en la Biblia de Génesis a Apocalipsis, desde la creación hasta el juicio, y en todos los puntos en medio de ellos. La preocupación de Dios surge de un deseo de tener una relación con el hombre, lo cual implica una comunicación entre nosotros y Dios. El pecado es el gran "obstáculo de la comunicación" entre nosotros que limita y empobrece nuestra vida y relaciones.

PASO UNO:

Referirse a la lista de "Palabras que aprender":

Pecado, Evangelio, cristiano, creyente, confesión, salvación.

PASO DOS:

Leer Lucas 22, 23, 24; Juan 1, 2, 3.

PASO TRES:

Completar el estudio bíblico por buscar los versículos dados.

El hombre sin Dios

¿Cuál es el estado espiritual del hombre sin Dios? Romanos 3:23 _____

_____

¿Cuál es el eventual fin de esta condición? Romanos 6:23 _____

_____

La respuesta de Dios

¿Cómo cambiamos esta condición en nuestra vida?

Juan 14:6 _____

Romanos 10:9-11 _____

_____

¿Cuánto de nuestra vida es cambiada cuando venimos a Cristo? 2 Corintios 5:17 _____

_____

_____

Lee Romanos 8:35-39 y cita las cosas que NO PUEDEN separarnos del amor de Dios: _____

_____

_____

¿Cómo recibimos el amor de Dios? Efesios 2:8, 9 _____

_____

Nuestra respuesta al amor de Dios

Cita las cosas que debemos hacer en respuesta al amor de Dios.

2 Corintios 7:1 _____

_____

Efesios 4:1-6 _____

_____

_____

PASO CUATRO: MI RESPUESTA DE ORACION

"Querido Jesús: Mi vida no es lo que debería ser, ni siquiera lo que me gustaría que fuera. He hecho y dicho muchas cosas que son malas y necesito que me perdones por ellas. Te doy gracias por morir por mí para que yo pudiera vivir una vida mejor. Acepto el don de tu amor y te pongo a cargo de mi vida. Amén".

En el espacio de abajo, escribe en tus propias palabras cómo debes orar para aceptar el don del amor de Dios. Asegúrate de incluir las ideas clave subrayadas arriba.

PASO CINCO: MEMORIZAR JUAN 3:16

BUSCA

AL HIJO

VIDA EN LA PALABRA

"CLAVES PARA UNA VIDA MEJOR"

Lección 2

El arrepentimiento

Pasos en la dirección correcta

La salvación es que Dios nos perdona—"nos salva"—de nuestro pecado. El arrepentimiento es cuando nosotros cambiamos nuestros caminos de las acciones y actitudes pecaminosas a las acciones y actitudes que agradan a Dios. Una cosa es ser perdonado por una mala acción; y otra admitir que la acción era mala y tratar de cambiar. Al tratar de hacer esto podemos contar con que Dios nos dará la fortaleza para hacerlo y que no hará mención de nuestros errores pasados.

PASO UNO:

Referirse a la lista de "Palabras que aprender":

Arrepentimiento, pecado, compromiso.

PASO DOS:

Leer Marcos 1:1-15; Lucas 15; Hechos 2:17-47; y 1 Juan 1.

PASO TRES:

Completar el estudio bíblico por buscar los versículos dados.

**BASURA QUE ENTRA —
BASURA QUE SALE**

La necesidad del arrepentimiento

Lee Romanos 8:5-17

¿Cuál es el resultado de una vida pecaminosa? (Es llamado "ocuparse de la carne" en el versículo 6 y vivir "conforme a la carne" en el versículo 13) _____

_____

_____

9

¿Es este el tipo de vida que agrada a Dios? (versículo 8)_____

¿Cuáles son los resultados de seguir a Cristo y ser una persona espiritual? (versículo 6)_____

_____

¿Qué dice Pablo que somos si somos dirigidos por el Espíritu de Dios? (versículos 14-17) _____

_____

Los pasos del arrepentimiento

Lee Efesios 4:20-24

¿Qué debo hacer al cambiar mi vida y seguir a Cristo? (versículo 22, 24) _____

_____

Al comenzar esta vida cambiada, ¿qué es la promesa de la renovación? (versículo 23) _____

_____

Estos cambios no son siempre fáciles. ¿Quién vive en nosotros y cómo vivimos? Gálatas 2:20 _____

_____

Cita las instrucciones que se nos dan para vivir una vida santa. 1 Pedro 1:13-16_____

_____

_____

¿Cómo vencemos la tentación? 1 Corintios 10:13 _____

_____

¿Qué debemos hacer cuando fracasamos por no ser la persona que debemos ser? 1 Juan 1:9 _____

_____

_____

Los resultados del arrepentimiento

Cuando nos arrepentimos, ¿qué hace Dios con nuestros pecados? Salmo 103:12 _____

_____

Si no andamos tras la carne, sino tras el Espíritu, ¿de qué somos libres? Romanos 8:1 _____

_____

PASO CUATRO: MI RESPUESTA DE ORACION

"Padre: Gracias por perdonar todas mis malas acciones y actitudes. Por favor ayúdame a cambiar mis caminos y a no actuar como lo hice antes. Cuando fallo y actúo como lo hice antes de ser cristiano, recuérdame que debo perdirte perdón rápidamente y volver a ser el mejor cristiano que puedo ser con tu ayuda. Amén".

En el espacio de abajo, escribe tu propia oración, y pide a Dios que te ayude a arrepentirte verdaderamente de tus antiguos caminos y a vivir de manera diferente.

_____

_____

_____

_____

PASO CINCO: MEMORIZAR 2 CORINTIOS 5:17

ES UN MUNDO DIFERENTE

VIDA EN LA PALABRA

"Claves para una vida mejor"

Lección 3

La oración

La importancia de la oración

¿Qué es la oración? La naturaleza básica de la oración es la comunicación entre un Dios santo, soberano, y todopoderoso, y el hombre finito. En la oración podemos llevar nuestros pensamientos hasta Dios, y expresar nuestros deseos más profundos, sea personalmente o por otros. La oración es también compartir nuestro amor con un Dios amoroso, rendirle nuestra devoción más profunda, y experimentar su comunicación divina con nosotros. La oración, por tanto, es venir a la presencia de Dios, expresarle confiadamente nuestras necesidades y deseos, así como también nuestro amor, alabanza y devoción. También le permitimos comunicarnos su dirección para nuestra vida. La oración es una de las claves de una vida mejor.

PASO UNO:

Referirse a la lista de "Palabras que aprender":

Oración, adoración

PASO DOS:

Leer Salmo 145; Isaías 55; Mateo 6 y Mateo 7:7-12.

PASO TRES:

Completar el estudio bíblico por buscar los versículos dados.

La necesidad de la oración

¿Por qué debes orar?

2 Crónicas 7:14 _____

Juan 14:13 _____

Lucas 18:1 _____

¿Qué debes pedir?

Juan 14:14 _____

1 Juan 5:14, 15 _____

Santiago 1:5 _____

Juan 15:7 _____

EL PODER
DE LA ORACION

Pautas de la oración

¿Qué instrucciones nos ha dado Dios para cumplir su promesa de responder nuestras oraciones?

1 Juan 5:14 _____

Juan 14:13 _____

¿Qué resultado tiene el pecado no-confesado sobre nuestras oraciones? Salmo 66:18 _____

_____

¿Cuál es el resultado de orar impropiamente o con un motivo egoísta? Santiago 4:3 _____

_____

En tus propias palabras, ¿qué tipo de relación con Jesús arroja los mejores resultados en la oración?

Juan 15:7 _____

¿Es la fe necesaria para experimentar las respuestas a la oración? Santiago 1:6-8_____

_____

Los resultados de la oración

¿Cuáles son los beneficios que experimentamos al orar?

Juan 15:7,8 _____

Juan 16:24 _____

Santiago 1:5 _____

Apocalipsis 3:20 _____

Filipenses 4:6, 7 _____

Salmo 34:4 _____

Jeremías 33:3 _____

PASO CUATRO: MI RESPUESTA DE ORACION

"Querido Jesús: Mi vida de oración no es lo que debería ser ni lo que a mí me gustaría que fuese. Reconozco mi necesidad de orar diariamente y también tu anhelo de mi oración diaria. Necesito que me perdones por mi falla. Te agradezco por ayudarme a comprometer mi vida diaria a la oración. Amén."

Como la oración es tan importante y tiene tan grandes resultados para dar gloria a Dios y suplir tus necesidades, en el espacio de abajo, escribe en tus propias palabras tu oración de compromiso a Dios. Asegúrate de incluir las ideas clave subrayadas y el tiempo que podrás dejar para orar mañana.

_____

_____

_____

_____

PASO CINCO: MEMORIZAR 1 JUAN 5:14

VIDA EN LA PALABRA

"Claves para una vida mejor"

Lección 4

La Biblia

La Palabra de Dios

La Biblia es la Palabra de Dios. Es lo que El te dice. Es un mensaje de amor que te da nueva vida. La Biblia es para tu espíritu lo mismo que la comida para tu cuerpo. Al leer la Palabra de Dios, crecerás espiritualmente. O sea que, conocerás mejor a Dios y serás más semejante a El en tus actitudes, carácter, deseos, y acciones. Sin su Palabra, morirás espiritualmente. La Biblia es tu clave para una vida mejor.

PASO UNO:

Referirse a la lista de "Palabras que aprender":

Biblia, Evangelio

PASO DOS:

Leer Salmo 119 en la Biblia.

PASO TRES:

Completar el estudio bíblico por buscar los versículos dados.

¿Quieres Poder?
¡Adéntrate en la Palabra!

La fuente de la Biblia

¿Cómo escribieron los hombres la Biblia? 2 Pedro 1:20, 21 _____

_____

¿Quién dio la inspiración a los autores de la Biblia y cómo deben ser usadas estas Escrituras?

2 Timoteo 3:16, 17 _____

_____

Lo que la Palabra hace por nosotros

La Palabra es el evangelio (buenas nuevas). ¿Qué trae este "evangelio"? Romanos 1:16, 17 _____

_____

La comida alimenta nuestro cuerpo. ¿Qué alimenta nuestro espíritu? Deuteronomio 8:3 _____

_____

En relación con nuestro pecado, ¿qué efecto tiene la Palabra sobre nosotros? Salmo 119:11. _____

_____

Nuestra respuesta a la Palabra

¿Cómo dice Jesús que debemos responder a su Palabra? Juan 5:24 _____

_____

¿Cuáles son los resultados de leer y estudiar asiduamente la Palabra de Dios? Juan 8:31 _____

_____

¿Cuál es la diferencia entre "creer" y "permancer"? _____

_____

¿Es suficiente escuchar la Palabra? ¿Por qué si o por qué no? Santiago 1:22-24. _____

_____

_____

¿Quién es la Palabra viva? Juan 1:1-18 _____

PASO CUATRO: MI RESPUESTA DE ORACION

"Querido Jesús: Sé que eres la Palabra viva y que la Biblia es tu mensaje para mí. Gracias por la Biblia. Gracias porque puedo aprender más de ti en la Palabra de Dios. Ayúdame al leer tu Palabra para obedecer tus mandamientos. Gracias. Amén".

En tus propias palabras, escribe una oración que exprese tu creciente necesidad de leer diariamente y entender la Palabra de Dios.

PASO CINCO: MEMORIZAR 2 TIMOTEO 3:16, 17

No sólo la leas, ¡necesítala!

VIDA EN LA PALABRA

"Claves para una vida mejor"

Lección 5

Dios

Nuestro Padre

El hecho de que Dios es nuestro Padre celestial está escrito en toda la Biblia. Como Dios se ha descrito como nuestro Padre celestial, está mostrándonos su deseo de proteger y cuidar todas nuestras necesidades. También, El desea una profunda relación personal entre Padre e hijo/a. Conocer al Padre (Dios) y saber cómo relacionarnos con El a través del amor y el servicio son claves a una vida mejor.

PASO UNO:

Referirse a la lista de "Palabras que aprender":

Trinidad

PASO DOS:

Leer Génesis 1, 2 y 3; Exodo 3:15; Deuteronomio 7:8, 9; y Salmo 23.

La palabra de Dios

Remójese en la palabra

PASO TRES:

Completar el estudio bíblico por buscar los versículos dados.

Conociendo a Dios

¿Desea Dios que le conozcamos y entendamos? Isaías 43:10, 11 _____

¿Por qué conocer más acerca de Jesús nos ayuda a entender y relacionarnos mejor con nuestro Padre

celestial? Juan 14:9,10 _____

_____

18

La relación del creyente con Dios (nuestro Padre)

¿Cómo puede un creyente mostrar su deseo de conocer y servir a Dios? Mateo 22:37 _____

_____

_____

¿Cómo puede un creyente mostrar que ama a Dios? Juan 14:15 _____

_____

La relación que Dios desea tener con el creyente

De estos versículos, cita las instrucciones dadas y el tipo de relación que Dios desea tener con nosotros.

2 Corintios 6:16-18 _____

_____

¿Cuáles son los beneficios de ser hijos de Dios? 1 Juan 3:1, 2 _____

_____

_____

¿Hasta qué punto fue Dios para mostrar su amor por nosotros? Romanos 5:8 _____

_____

¿Cómo provee nuestro Padre celestial para nosotros?

2 Timoteo 3:16, 17 _____

Filipenses 4:19 _____

Efesios 3:20 _____

PASO CUATRO: MI RESPUESTA DE ORACION

"Padre celestial: mi deseo es conocerte y poder responder a tu amor de una manera que me acerque más a ti. Revélate a mi a través de tu Palabra (la Biblia) y al hablar juntos en el tiempo que paso contigo en oración. Amén".

En el espacio de abajo, escribe en tus propias palabras el deseo de tu corazón de conocer a Dios y de tener una mejor comunión con El a través de la oración y la lectura de la Biblia, la Palabra de Dios.

PASO CINCO: MEMORIZAR EL SALMO 139:23, 24

VIDA EN LA PALABRA

"Claves para una vida mejor"

Lección 6

Jesucristo

Dios el Hijo

El cristianismo no es una religión; es una relación. El cristianismo es Dios revelado en la persona de Jesucristo. La clave para una vida mejor es conocer quién es Jesucristo, lo que ha hecho por ti, y cómo debes responder a El.

PASO UNO:

Referirse a la lista de "Palabras que aprender":

Títulos de Jesús

PASO DOS:

Leer 1 Juan 2; Lucas 1 y 2; Apocalipsis 5; y Efesios 1 y 2.

PASO TRES:

Completar el estudio bíblico por buscar los versículos dados.

Quién es Jesús

¿Cómo se refiere Juan a Jesús en Juan 1:1-3, 14? _____

Según Génesis 1:1 y Juan 1:3, ¿quién creó todas las cosas? _____

¿Quién dijeron los ángeles que El era? Lucas 2:10-14 _____

En Juan 1:29-34, Juan el bautista dijo de Jesús: "He aquí el Cordero de Dios". ¿Qué otra frase usó él

al referirse a Jesús? _____

De las Escrituras que acabas de leer, ¿cuál es tu conclusión en cuanto a quién es Jesús? _____

_____

_____

Lo que El ha hecho

Jesús nos enseña por qué vino. ¿Qué nos dice?

Mateo 20:28 _____

Lucas 19:10 _____

¿Cómo El pagó o nos salvó del pecado?

1 Tesalonicenses 5:9, 10 _____

1 Pedro 1:18, 19 _____

¿Qué verdad fundamental eleva a Cristo por encima de otros líderes religiosos? Mateo 28:5, 6 _____

_____

CUENTA EL COSTO

Nuestra respuesta a El

¿Qué nos dice Dios que debemos hacer? Hechos 17:30 _____

_____

Si deseamos ser hijos de Dios, ¿qué debemos hacer respecto a Jesús? Juan 1:12 _____

_____

¿Cómo debemos creer en Jesús?

Romanos 10:9-11 _____ .

Juan 3:36 _____

PASO CUATRO: MI RESPUESTA DE ORACION

"Querido Jesús: Gracias por amarme lo suficiente como para morir por mí y llevar mi pecado. Te alabo por tu autoridad y voluntad para perdonarme. Sé que fuiste resucitado y que vives por mí. Humildemente te pido que me ayudes a vivir para ti. Es mi deseo obedecerte. Amén".

Ahora, escribe tu oración de acción de gracias y compromiso a Jesús como Aquel que murió por ti.

_____

_____

_____

_____

PASO CINCO: MEMORIZAR HEBREOS 13:8

VIDA EN LA PALABRA

"Claves para una vida mejor"

Lección 7

Dios el Espíritu Santo

Tercera persona de la Trinidad

Dios se ha revelado en la Biblia en tres Personas: Dios el Padre, Dios el Hijo, y Dios el Espíritu Santo. La tercera Persona, o Espíritu Santo, tiene un lugar muy especial en la vida del creyente. Cuando llegamos a conocer personalmente al Espíritu Santo, descubrimos una de las claves a una vida mejor.

PASO UNO:

Referirse a la lista de "Palabras que aprender":

Espíritu Santo

PASO DOS:

Leer Juan 14; Hechos 1 y 2; y Romanos 8.

PASO TRES:

Completar el estudio bíblico por buscar los versículos dados.

El Espíritu Santo (la Persona)

¿Cómo describe Jesús al Espíritu Santo? Juan 14:16 _____

Lee Juan 14:17, 18 y responde las siguientes preguntas:

El Espíritu Santo es llamado el Espíritu de _____

¿Cómo lo conocemos (al Espíritu Santo)? _____

¿Qué promesa cumpliría el Espíritu Santo cuando viniera? _____

El papel del Espíritu Santo

¿Cómo puede ayudarnos el Espíritu Santo a crecer como cristianos? Juan 14:26 _____

_____

¿Qué papel juega el Espíritu Santo en nuestra vida de oración? Romanos 8:26 _____

_____

Cita cuatro cosas que el Espíritu Santo hará. Juan 16:13, 14 _____

_____

_____

_____

El Espíritu Santo nuestra fortaleza

¿Cómo podemos estar seguros de que somos salvos? Romanos 8:16 _____

_____

¿De dónde obtenemos el poder para testificar acerca de Jesús? Hechos 1:8 _____

_____

¿Cómo puedo estar seguro de que he recibido este poder? Hechos 2:4 _____

_____

PASO CUATRO: MI RESPUESTA DE ORACION

"Querido Jesús: Gracias por mi salvación y por la seguridad de esa salvación que el Espíritu Santo me ha dado. Ahora te pido el poder ser tu testigo por llenarme con el Espíritu Santo así como prometiste que harías si te lo pidiera. Amén".

En el espacio de abajo, escribe en tus propias palabras qué te gustaría orar para recibir la promesa de Jesús de bautizarte en el Espíritu Santo.

PASO CINCO: MEMORIZAR HECHOS 1:8

VIDA EN LA PALABRA

"Claves para una vida mejor"

Lección 8

Comunión

La familia de Dios

Una de las cosas más emocionantes al convertirte en cristiano es que eres automáticamente un miembro de la "familia" de Dios. Tu nueva familia incluye a todos aquellos que creen en Jesús. Estos hermanos y hermanas nos ayudan mucho a fortalecer nuestro caminar con Cristo. Es muy necesario que pasemos tiempo conociendo a otros cristianos: eso es lo que significa comunión. "Común unión" es una buena manera de recordar lo que significa la "comunión", puesto que estamos todos juntos ayudándonos a tener una vida mejor.

PASO UNO:

Referirse a la lista de "Palabras que aprender":

Iglesia, comunión, discípulo

PASO DOS:

Leer Mateo 18.

PASO TRES:

Completar el estudio bíblico por buscar los versículos dados.

Comunión: Introducción

1 Corintios 12:25 indica: "para que no haya desavenencia en el cuerpo, sino que los miembros todos se preocupen los unos por los otros".

¿Cuál debe ser nuestra actitud hacia los otros cristianos? _____

¿Puedes pensar en un cristiano que se preocupó por ti o te cuidó la semana pasada? _____

_____

Comunión: El fundamento bíblico

¿Qué te dicen los siguientes pasajes de las Escrituras en cuanto a la comunión?

Mateo 18:20 _____

Juan 13:34, 35 _____

Romanos 12:9, 10 _____

Romanos 15:7 _____

Colosenses 3:12-14 _____

Hebreos 10:25 _____

Comunión: Establecida

La iglesia primitiva creía en la comunión. Lee Hechos 2.

¿De qué manera ellos estaban reunidos? (versículo 1) _____

En tus propias palabras, ¿qué estaba pasando en la iglesia primitiva? (versículos 42-47) _____

_____

_____

La gente en la iglesia primitiva compartía su vida, posesiones, heridas, dolencias, adoración, toda necesidad unos con tros. ¿Puedes pensar en algunas maneras prácticas de hacer esto durante la siguiente semana? (Sé específico.)

_____

_____

_____

Comunión: Nuestra responsabilidad

Lee Juan 17:21. ¿Cuál fue el pedido de oración de Jesús? _____

_____

¿Por qué El pidió esto? _____

_____

Romanos 15:1, 2 declara: "Así que, los que somos fuertes debemos soportar las flaquezas de los débiles, y no agradarnos a nosotros mismos. Cada uno de nosotros agrade a su prójimo en lo que es bueno, para edificación".

¿Por quiénes somos responsables? _____

¿Cuál es nuestra responsabilidad para con ellos? _____

Nuestra comunión no se limita a aquellos que nos gustan, sino que alcanza a todos los que necesitan nuestra ayuda y amor. Necesitamos edificar a nuestro prójimo diariamente, buscar oportunidades de fortalecer a todos nuestros hermanos y hermanas.

PASO CUATRO: MI RESPUESTA DE ORACION

"Querido Padre celestial: Gracias por mis hermanos y hermanas con los que ahora estoy relacionado. Por favor, ayúdame a escuchar y compartir. Ayúdame a alentar a otros cristianos y a ayudarlos a crecer. Me entrego a la comunión, Señor. Apoyaré a otros y participaré con ellos para que el mundo pueda verte a ti a través de nuestro amor. Amén".

Usando la oración de arriba como un ejemplo, haz tu propia oración, pidiendo a Dios que te ayude a ser el hermano o la hermana que debes ser en la familia de Dios. Asegúrate de incluir los pensamientos clave subrayados arriba.

_____

_____

_____

_____

PASO CINCO: MEMORIZAR JUAN 13:34, 35

VIDA EN LA PALABRA

"Claves para una vida mejor"

Lección 9

Testificar

Compartiendo las claves con los demás

Ahora que Dios nos ha dado y ayudado tanto, es nuestro privilegio poder compartir el amor de Dios con otras personas. Dios pide que contemos a otros para que conozcan la verdad.

PASO UNO:

Leer Mateo 28:19, 20

PASO DOS:

Referirse a la lista de "Palabras que aprender":

Testificar

PASO TRES:

Completar el estudio bíblico por buscar los versículos dados.

Introducción

Lee Marcos 16:15, 16

¿Qué nos ha pedido Dios que hagamos? _____

_____

¿Por qué es tan importante compartir a Jesús con los demás? _____

_____

_____

_____

Compartiendo a Jesús

Compartir a Jesús es la mejor cosa que podríamos hacer por cualquiera. Observemos algunas maneras en que podemos dar a conocer lo que Jesús ha hecho.

De los versículos de abajo, explica cómo hablar a otros sobre tu relación con Dios y lo que El ha hecho por ti.

Juan 13:35 _____

_____

Santiago 2:15, 16 _____

_____

1 Pedro 3:15 _____

_____

1 Corintios 2:4, 5 _____

_____

¿Cómo recibimos el poder para ser testigos de Dios? Hechos 1:8 _____

_____

Al tratar de hablar a alguien acerca de Dios, ¿de qué es mejor hablar?

Juan 14:6 _____

_____

1 Juan 1:3 _____

Hechos 4:19, 20 _____

PASO CUATRO: ACTIVIDAD

En una hoja de papel, escribe tu experiencia con Cristo. Usa como pautas las siguientes suferencias:

1. Hazlo personal—que sea tu historia.

2. Mantenlo corto—3 ó 4 minutos es suficiente.

3. Mantén a Cristo como el centro de la historia—no cuentes lo que tú hiciste o dijiste, sino lo que Cristo hizo por ti.

4. Busca dos o tres versículos de la Biblia que ayuden a contar la historia.

PASO CINCO: MI RESPUESTA DE ORACION

"Querido Padre celestial: Gracias por ser mi salvador. Deseo compartir con otros las buenas nuevas de la salvación para que también puedan ser salvos. Gracias por enviarme el poder de tu Espíritu Santo que me lleva a compartir con mis amigos. Permíteme ser un testigo eficaz para ti, no sólo con mis palabras, sino también por mis acciones. Amén".

En el espacio siguiente escribe tu propia oración de compromiso para testificar a otros.

PASO SEIS: MEMORIZAR ROMANOS 1:16

VIDA EN LA PALABRA

Curso número 2

Estudios por temas de la Palabra de Dios

VIDA EN LA PALABRA

"Claves para la vida cristiana práctica"

Curso número 2

Escrito por: Dennis Webber

VIDA EN LA PALABRA

"Claves para la vida cristiana práctica"

Lección 1

El bautismo en agua

Siguiendo al Señor

Jesús nos dice que el bautismo en agua es una parte vital del proceso de salvación. Una de las claves de una vida cristiana exitosa es obedecer a Cristo y seguir su ejemplo de bautizarse en agua.

PASO UNO:

Leer Mateo 28:19, 20 y Marcos 16:16.

PASO DOS:

Referirse a la lista de "Palabras que aprender":

Bautismo

PASO TRES:

Completar el estudio bíblico por buscar los versículos dados.

Moldeame Señor

El ejemplo de Cristo

Lee Mateo 3.

¿Por qué fue Jesús bautizado? (versículo 15) _____

_____

¿De qué manera fue bautizado? (versículo 16) _____

_____

¿Qué ocurrió después que salió del agua? (versículos 16, 17) _____

_____

La enseñanza de Cristo

¿Es el bautismo en agua "opcional" al creyente? Explica. Marcos 16:16 _____

_____

¿Es el bautismo en agua algo que se ordenó a la iglesia que haga, o algo que hacemos sólo por

tradición? Mateo 28:19, 20 _____

_____

El ejemplo de la iglesia primitiva

El bautismo en agua fue parte vital del ministerio de la iglesia primitiva. Lee los siguientes versículos y luego responde las preguntas de abajo.

Hechos 2:38-41; 8:26-40; 10:44-48; 16:30-33

¿Es el bautismo asociado con cualquier otra cosa que no sea la salvación?_____

_____

_____

_____

¿Cuál parece ser el método del bautismo? _____

_____

_____

El beneficio del bautismo

Lee Romanos 6:3-7

Si nos identificamos con la muerte de Cristo al ser "sepultados" en el agua, ¿con qué nos

identificamos al salir del agua? (versículos 4 y 5) _____

_____

_____

_____

¿Cómo nos ayuda esto a vivir la vida cristiana? (versículo 6) _____

_____

_____

_____

PASO CUATRO: ACTIVIDAD

Si no has sido bautizado en agua, haz arreglos ahora para que tu pastor lo haga. En la línea de abajo, escribe cuándo serás bautizado. Si ya has sido bautizado, escribe el lugar y la fecha en que lo fuiste.

_____

PASO CINCO: MI RESPUESTA DE ORACION

"Querido Jesús: Gracias por la oportunidad de mostrar a través del bautismo que mi antigua vida ha pasado y que una nueva ha comenzado. Mi antigua vida murió y yo he resucitado a tu semejanza. Gracias porque soy libre del pecado y tengo una nueva vida en tu amor. Amén".

En el espacio de abajo, haz tu propia oración, y agradece a Dios tu nueva vida en Cristo.

_____

_____

_____

_____

PASO SEIS: MEMORIZAR MATEO 28:19

VIDA EN LA PALABRA

"Claves para la vida cristiana práctica"

Lección 2

La comunión

La Santa Cena

La comunión es una ordenanza de la iglesia, celebrada de varias maneras por los cristianos en todo el mundo. Sus raíces están en el judaísmo y para los cristianos es probablemente el acto de adoración más significativo—un acto de recordación, un barrunto del porvenir, y una bendición presente.

La Santa Cena está directamente unida a la fiesta judía de la Pascua. Fue durante esta fiesta que Jesús y sus discípulos celebraron la cena que ahora llamamos la Santa Cena. Fue la comida que comieron poco antes de que Cristo fuera arrestado y crucificado.

PASO UNO:

Leer Exodo 11 y 12:1-30.

PASO DOS:

Completar el estudio bíblico por buscar los versículos dados.

Comienzo y significado

Lee Lucas 22:7-20

¿Qué simboliza el pan servido en la comunión? _____

¿Qué simboliza el vino de la comunión? _____

En palabras breves, ¿qué gran suceso recuerda la celebración de la comunión? _____

_____

_____

Cita cualquier paralelo (suceso similar o igual) que ves entre la pascua (Exodo 11 y 12:1-30) y los sucesos de la crucifixión (Lucas 22:7-20; 23:26-48).

Pascua	Crucifixión
_____	_____
_____	_____
_____	_____
_____	_____
_____	_____

Significado presente y expectaciones de lo futuro

Lee 1 Corintios 11:17-34 y responde las siguientes preguntas:

¿Cuál debe ser nuestra razón de participar en la comunión? (versículo 25) _____

_____

¿Cuál debe ser nuestra actitud hacia los demás cristianos al participar de la comunión? (versículos

17, 18, 29) _____

¿Cuál es el peligro de tomar impropiamente la comunión? (versículo 29) _____

_____

¿Cómo podemos asegurar el prevenir este problema? (versículo 28)_____

_____

¿Qué gran acontecimiento preanuncia la comunión? (versículo 26) _____

_____

PASO TRES: ACTIVIDAD

Después de la próxima vez que participes de la comunión, repasa la lista de abajo y encierra en un círculo las actividades o sentimientos que se aplican a ti y a tu participación en este acto de adoración.

Confesión	Arrepentimiento	Rededicación
Amor	Paz	Gozo
Comunión	Quebrantamiento	Acción de gracias
Esperanza	Quietud	Convicción (culpa)

PASO CUATRO: MI RESPUESTA

Basado en tu estudio y participación en la comunión, describe abajo el aspecto más importante de este acto de adoración.

PASO CINCO: MI RESPUESTA DE ORACION

"Querido Jesús: Gracias por morir en la cruz por mis pecados. Por favor, ayúdame a examinar mi corazón y mis motivos para poder agradarte. Gracias por proveer la comunión como un recordatorio de tu muerte y resurrección. Amén".

En el espacio de abajo, escribe tu propia oración al Señor y agradécele por tomar nuestro lugar en la cruz y por proveer para nosotros.

VIDA EN LA PALABRA

"Claves para la vida cristiana práctica"

Lección 3

La iglesia

Mi responsabilidad

Algunos creen que la asistencia y la participación en la iglesia son una opción del cristiano. Dios considera nuestra participación de manera muy diferente. Al leer los siguientes pasajes de las Escrituras y descubrir las respuestas a las preguntas de abajo, ora que Dios te ayude a desarrollar una actitud debida hacia la iglesia y tu participación en ella.

PASO UNO:

Leer la carta a los Efesios.

PASO DOS:

Completar el estudio bíblico por buscar los versículos dados.

La iglesia: vista por Dios

Lee Mateo 16:13-18

¿Qué está haciendo Cristo por la iglesia? (versículo 18) _____

¿Quién puede impedir que lo haga? (versículo 18) _____

¿Qué tipo de iglesia está edificando Cristo? (Efesios 5:27) _____

La iglesia: nuestra respuesta

Lee Hebreos 10:19-25.

¿Cómo debemos entrar en la presencia de Dios y en su casa? (versículo 22) _____

_____

¿Espera Dios nuestra asistencia <u>regular</u> y <u>fiel</u>? (versículo 25) _____

¿Debemos alentar a otros a venir? (versículo 25) _____

_____

La iglesia: nuestra participación

Lee Salmos 22:22; 35:18; 107:31, 32; y 1 Corintios 14:26.

Basado en lo que has leído en estos versículos, responde las siguientes preguntas:

¿Para qué nos reunimos en la iglesia?

    Salmo 22:22 _____

    1 Corintios 14:26 _____
    (La palabra "edificación" se refiere a fortalecer a alguien.)

¿Quién ha de ocuparse en la iglesia? _____

¿Es nuestra participación simplemente observar a alguien más, o debemos hacer algo también?

_____

Lee Hechos 2:44-47; 4:32-35.

Cita cuatro cosas a las cuales un cristiano tiene que estar dedicado. (Hechos 2:42) _____

_____

_____

¿Qué debemos hacer para ayudar a otros cristianos?

Hechos 2:44 _____

Hechos 2:45 _____

Hechos 4:32 _____

Hechos 4:34, 35 _____

PASO TRES: ACTIVIDAD

En el cuadro de abajo, registra tu asistencia a la iglesia durante el siguiente mes.

	Escuela dominical	Servicio por la mañana	Servicio por la noche	Reunión durante la semana	Actividades especiales
Semana 1					
Semana 2					
Semana 3					
Semana 4					

Si estuviste ausente, indica la razón y evalúa si fue una ausencia válida o simplemente una excusa egoísta.

PASO CUATRO: MI RESPUESTA DE ORACION

"Querido Jesús: Gracias por la oportunidad que tenemos de venir a la iglesia y adorarte libremente. Por favor, ayúdame a ser fiel en mi asistencia y a fortalecer mi devoción a ti y a ayudar a otros. Amén".

En el espacio de abajo, escribe tu propia oración al Señor sobre tu asistencia a la iglesia.

_____

_____

_____

_____

VIDA EN LA PALABRA

"Claves para la vida cristiana práctica"

Lección 4

El diezmo

Tuyo, mío, o nuestro

El diezmo es el principio bíblico de devolver a Dios una décima parte (10 por ciento) de todo lo que El nos da. Nuestra ofrenda refleja no sólo nuestra obediencia, sino nuestra fe y devoción a Dios.

PASO UNO:

Leer Exodo 35:4-9, 20-29.

PASO DOS:

Completar el estudio bíblico por buscar los versículos dados.

El diezmo: la fuente

¿A quién realmente pertenece el diezmo?

Salmo 24:1 _____

Salmo 50:10-12 _____

Hageo 2:8 _____

¿Quién me da todo lo que necesito? Santiago 1:17 _____

El diezmo: Un principio

¿Cuánto diezmó Abraham? Génesis 14:17-20 _____

¿Cuál fue la promesa de Jacob a Dios? Génesis 28:22 _____

¿Qué dijo Jesús acerca del diezmo? Mateo 22:15-22; 23:22 _____

_____

El diezmo: Una forma de vida

Lee Malaquías 3:8-10.

¿Cómo puede el hombre robar a Dios? _____

¿Cuánto del diezmo debes traer? (versículo 10) _____

¿Dónde debes pagar el diezmo? (versículo 10). _____

¿Cuándo se nos enseña que debemos traer el diezmo? (1 Corintios 16:2) _____

¿Cuál es la advertencia de Dios para aquellos que no diezman? (Malaquías 3:9) _____

_____

¿Cuál es la promesa de Dios para aquellos que diezman? (versículo 10) _____

_____

¿Cuál debe ser nuestra actitud hacia el diezmo? (2 Corintios 9:6-8) _____

_____

¿Cuál es la diferencia entre el diezmo y la ofrenda?

Mateo 23:22 _____

Lucas 6:38 _____

PASO TRES: ACTIVIDAD

En el cuadro de abajo, halla cuánto es tu diezmo:

Ejemplo		Tu diezmo	
Ingreso total	$ 22.00	Ingreso total	$_____
Multiplicado por 10%	x .10	Multiplicado por 10%	x .10
Diezmo:	$ 2.20	Diezmo:	$_____

PASO CUATRO: MI RESPUESTA DE ORACION

"Querido Jesús: Gracias por proveer a mis necesidades. Sé que todo lo que tengo proviene de ti y que no merezco todo lo que me has dado. Por favor, ayúdame a ser agradecido por todo lo que tengo y a compartir con otros en necesidad lo que me has dado. Trataré de devolverte por lo menos el 10 por ciento de todo lo que me has dado. Amén".

En el espacio de abajo, escribe tu propia oración al Señor y pídele que te ayude con el diezmo.

PASO CINCO: MEMORIZAR LEVITICO 27:30

¡OFRENDA!

VIDA EN LA PALABRA

"Claves para la vida cristiana práctica"

Lección 5

Conociendo y derrotando a nuestro enemigo

Parte I

Cuando nos convertimos en cristianos, entramos en una nueva dimensión de crecimiento y conciencia espiritual. También aprendemos que hay alguien más que no quiere que crezcamos y nos desarrollemos espiritualmente. Parte de nuestro buen éxito en la vida dependerá de aprender a reconocer y derrotar a nuestro enemigo.

PASO UNO:

Leer Génesis 3; Mateo 4:1-11; y Lucas 4:1-14.

PASO DOS:

Completar el estudio bíblico por buscar
los versículos dados.

Reconocimiento

En los siguientes versículos, menciona cómo es descrito nuestro enemigo.

1 Pedro 5:8 _____

Apocalipsis 20:2 _____

Juan 8:44 _____

Mateo 4:3 _____

Cómo él nos ataca

¿Qué trata de hacer Satanás a la Palabra de Dios en nuestra vida? Marcos 4:14, 15 _____

_____

_____

Lee Efesios 4:25-32. Menciona algunas de las maneras en que Satanás trata de que no seamos semejantes a Cristo en nuestra vida y acciones.

Versículo 25 _____

Versículo 26 _____

Versículo 28 _____

Versículo 29 _____

Versículo 31 _____

Además de tentarnos, ¿cómo se mueve Satanás en contra nuestra? 1 Tesalonicenses 2:18 _____

_____

_____

¿Cuál es la naturaleza básica de nuestra lucha? Efesios 6:12 _____

_____

Nuestra respuesta

Demasiado a menudo sobrestimamos el poder del enemigo. Estamos seguros en las manos de Dios.

¿Existe algo o alguien que pueda separarnos de Dios? Romanos 8:35-39 _____

¿Tenemos la habilidad de combatir el enemigo? ¿Cómo? 1 Pedro 5:8, 9 _____

_____

PASO TRES: MI RESPUESTA DE ORACION

"Querido Jesús: Gracias por ayudarme en mi caminar diario. Sé que estás conmigo y que serás la fortaleza que necesito para librar las luchas que se me presentan. Gracias por guardar mi corazón, por caminar conmigo, y por ser mi amigo. Amén".

En el espacio de abajo, escribe tu propia oración al Señor y pídele que te guarde del enemigo.

_____

_____

_____

_____

PASO CUATRO: MEMORIZAR 1 JUAN 4:4

ARMADURA ESPIRITUAL

VIDA EN LA PALABRA

"Claves para la vida cristiana práctica"

Lección 6

Conociendo y derrotando a nuestro enemigo

Parte II

Hemos visto un poco de cómo el enemigo obra, ahora necesitamos observar cómo podemos prepararnos mejor para "pelear la buena batalla de la fe".

PASO UNO:

Leer Efesios 6:10-18.

PASO DOS:

Completar el estudio bíblico por buscar los versículos dados.

Goliat muere

Nuestra fortaleza

Lee Efesios 6:10-18.

¿Quién es la fuente de nuestra fortaleza? (versículo 10) _____

¿Contra qué peleamos en realidad? (versículo 12) _____

Nota: A menudo olvidamos esto y tratamos de pelear contra las personas y situaciones en vez de hacerlo contra nuestro enemigo.

¿Qué debemos ponernos para poder resistir a nuestro enemigo? (versículo 11) _____

Enumera las siete (7) partes de nuestra armadura y qué protegen cada una. (versículos 14-18)

1. _____

2. _____

3. _____

---

4. _____

5. _____

6. _____

7. _____

¿Cómo describe Santiago el proceso por el cual derrotamos a Satanás en nuestra vida? Santiago 4:7

_____

Cuando Satanás nos tienta, ¿cómo prometió Dios que nos ayudaría? 1 Corintios 10:13 _____

_____

Lee Mateo 4:1-11 y Hebreos 4:14-16

¿Cómo trató Jesús con la tentación? _____

_____

¿Está dispuesto Jesús a ayudarnos cuando somos tentados? _____

PASO TRES: MI RESPUESTA DE ORACION

"Querido Jesús: Gracias por entender mis luchas y problemas. Por favor, ayúdame a vestir la armadura de Dios y a aprender a estar firme en mi fe contra el enemigo. Cuando soy tentado, ayúdame a ir a ti inmediatamente. Amén".

En el espacio de abajo, escribe tu propia oración al Señor y pídele que te ayude a resistir al enemigo.

_____

_____

_____

_____

PASO CUATRO: MEMORIZAR EFESIOS 6:10

VIDA EN LA PALABRA

"Claves para la vida cristiana práctica"
Lección 7
Caminando en la luz

Nuestra decisión de ser cristianos es más que un acto momentáneo o pasajero; es un compromiso a un estilo de vida, un caminar diario con el Señor. Pero como en cualquier caminar, hay una senda que debe ser seguida. Dios ha prometido ayudarnos a permanecer en la senda y aun ha garantizado que no seríamos desviados o descarriados por el enemigo. Sin embargo, la decisión de alejarnos a propósito es nuestra y no debemos hacerla.

PASO UNO:

Leer 1 Juan 1:5 y 2:6.

PASO DOS:

Completar el estudio bíblico por buscar los versículos dados.

Mi parte

Lea 2 Pedro 2:20-22.

¿Es posible volver la espalda a nuestra relación con Dios? _____

¿Este cambio en la relación depende de nuestras acciones o de las de Dios? _____

¿Cuál es el resultado de dicho cambio? _____

_____

¿Cuáles son algunas razones de que la gente se aleje de la verdad que conocen acerca de Dios? Mateo

13:18-23. _____

_____

_____

Completa la lista de abajo que muestra el contraste entre la vida no cristiana y la vida del creyente descrita en Efesios 2:1-10.

	Vida del no-cristiano		Vida cristiana
Versículo 1	Muertos en pecado	Versículo 5	_____
Versículo 2	Siguen al mundo y a Satanás	Versículo 6	_____
Versículo 3	Sirven al pecado/egoísmo	Versículo 10	_____
Versículo 3	Objetos de la ira de Dios	Versículo 10	_____

La parte de Dios

Lee Romanos 8:31-39

¿En qué se basa el compromiso de Dios? (versículo 32) _____

_____

¿Hay alguien que pueda cambiar la mente de Dios respecto a nosotros? (versículo 31) _____

_____

Enumere todas las cosas que según Pablo no nos podrían separar del amor de Dios (versículos 35, 38, 39)

_____

_____

_____

_____

¿En qué consiste la promesa de Dios respecto de todos obstáculos? (versículo 37) _____

_____

_____

Trabajando juntos

¿Cuáles son las tres claves del trabajar y caminar con Dios según se enumeran en Juan 10:27?_____

_____

_____

¿Cuáles son los tres resultados de nuestra relación con Dios según se indica en Juan 10:28? _____

_____

_____

PASO TRES: MI RESPUESTA DE ORACION

"Querido Jesús: Gracias por amarme y por comprometerte a mi seguridad. Sé que nunca me dejarás. Tu compromiso conmigo es eterno. Ayúdame a crecer en tu amor. Me consagro a ti y deseo servirte y edificar una relación más profunda contigo. Amén."

En el espacio en blanco escribe tu propia oración de consagración al Señor.

_____

_____

_____

_____

PASO CUATRO: MEMORIZA ROMANOS 8:38, 39 Y EFESIOS 5:8

VIDA EN LA PALABRA

"Claves para la vida cristiana práctica"

Lección 8

Descorriendo el velo

"Y estando él (Jesús) sentado en el monte de los Olivos, los discípulos se le acercaron aparte, diciendo: Dinos, ¿cuándo serán estas cosas, y qué señal habrá de tu venida, y del fin del siglo?" (Mateo 24:3).

PASO UNO:

Lee Mateo 24.

PASO DOS:

Descrubre en los siguientes versículos y preguntas algunas de las respuestas dadas a las preguntas que los discípulos hicieron a Cristo en Mateo 24:3.

¡Dios tiene un plan para ti!

Cristo: su promesa y preparación

Lee Juan 14:1-3 y Hechos 1:10, 11.

¿Dónde está Cristo ahora? _____

¿Qué está haciendo el Señor? _____

Cuando llegue el fin, ¿a dónde irán los cristianos? _____

_____

El creyente: morará con Dios

Lee 1 Tesalonicenses 4:13-18 y 1 Corintios 15:50-58

¿Qué sucederá a los cristianos que mueran antes de que el Señor vuelva?

1 Corintios 15:52 _____

_____

1 Tesalonicenses 4:15, 16 _____

_____

¿Qué sucede a los cristianos que estén aún vivos cuando Cristo regrese?

1 Tesalonicenses 4:17 _____

_____

1 Corintios 15:51-53 _____

_____

¿Qué sonido oiremos cuando Cristo vuelva? _____

¿Qué efecto debe tener ahora en nuestra vida el saber que Cristo viene otra vez?

1 Tesalonicenses 4:18 _____

_____

1 Corintios 15:58 _____

_____

¡VIVO DE NUEVO!

PASO TRES: MI RESPUESTA DE ORACION

"Querido Jesús: Gracias por tu promesa de volver y llevarnos al hogar celestial que tú estás preparando para nosotros. Por favor, ayúdame a permanecer firme en preparación de tu regreso. ¡Hay tanto que hacer! ... Dame oportunidades y las palabras de gracia que compartir con aquellos que no te conocen. Gracias por tu promesa de vida eterna a los que creemos en ti. Amén."

En el espacio en blanco que sigue escribe tu propia oración de acción de gracias al Señor.

PASO CUATRO: MEMORIZA 1 CORINTIOS 15:58

'PEGUESE' A SU COMPROMISO!

www.ingramcontent.com/pod-product-compliance
Lightning Source LLC
LaVergne TN
LVHW081315060426
835509LV00015B/1521